농악의 얼, 일깨운지 한평생
춤의 신명, 둘깨운지 반백년

: 한국민속촌농악단장 정인삼의 생평

정인삼·김헌선

보고사

▍정인삼 약력

사사

정형인 선생에게 소고춤, 승무, 농삼현 피리 사사
박금슬 선생에게 기본무, 승무바라, 민살풀이 거꾸로산조 등 사사
이동안 선생에게 신칼대신무, 진쇠춤, 장검무, 승진무 사사
박오복, 이명식, 박남석 선생에게 농악, 방태진 선생에게 호적시나위,
전추산 선생에게 단소, 최장복 선생에게 피리, 강동안 선생에게 아쟁,
홍정택 선생에게 소리 사사

연출

1986년   아시아 경기대회 개회식 〈고놀이〉 연출
1988년   서울올림픽 폐막식 〈우정〉 연출
~현재   전국민속예술축제 20여 작품 연출

수상

1970년   제 11회 전국민속예술경연대회
         〈전북대표 전북농악〉 대통령상 수상
1973년   제 14회 전국민속예술경연대회 〈전북대표 승무〉 참가
1983년   전주대사습놀이 농악부문 〈한국민속촌 농악단〉 장원
1985년   전국 전라예술제 농악대회
         〈한국민속촌 농악단〉 농악특장부 대통령상
1986년   체육부장관 표창
1987년   경기도 문화상 수상
1996년   KBS 특별공로상 수상
2000년   국회의장 특별공로상 수상
2005년   한국국악협회 국악대상 수상
2007년   제 21회 예총예술문화상 국악부문 대상 수상

현재

사단법인 한국농악보존협회 이사장
사단법인 전주대사습놀이보존회 부이사장
우리 춤 보존회 회장

공연

머리말

    모든 책들은 저마다의 운명이 있다. 이 책은 한국농악의 산증인, 살아 있는 우도농악의 전설로 불리는 정인삼의 생평을 정리하는 운명을 타고 났다. 한 생애를 어떻게 정리할 수 있을까? 70년이라고 하는 소중한 생명을 담고자 한다면, 책 한 권으로도 모자랄 인생의 부피와 깊이를 가지고 있다. 그러므로 이 책은 그러한 무게를 감당할 수 없으며 한 권으로 그래서도 안된다고 생각한다.

    이 책은 정인삼의 70생애를 회고하면서 특히 소중하고 남다른 특징을 정리하는데 목적을 두고자 한다. 우도농악의 진정한 역사적 인물로써 정인삼이 가지고 있는 우도농악에 대한 강렬한 열정을 드러내고, 아울러서 춤판의 춤꾼으로 진정한 맥을 잇는 인물로서 구실하고 있는 점에 초점을 모으고자 한다. 책은 그런 점에서 농악을 일군 책임감 있는 면모와 춤판의 증언자로서의 역할을 부각하는데 할애되어야 한다. 서로 상반된 것이 아니라 내면과 외면에서 온전하게 하나로 숙성된 점을 부각해야 한다.

    책의 운명에 거스르지 않고 순종하기 위해서 이 책의 제목을 굳이 길게 단 사연은 여기에 있다. 책의 운명을 연기법에 따라서 『농악의 얼, 일깨운지 한평생 춤의 신명, 물깨운지 반백년 : 한국민속촌농악단장 정인삼의 생평』이라고 길게 잡은 사정이 여기에 있다. 정인삼은 농악의 얼을 일깨우기 위해서 이 세상에 태어났다고 해도 과언이 아니다. 아울러서 정인삼은 춤판의 춤꾼으로 신명을 물깨우기 위해서 반백년을 지냈다고 해도 지나친 말이 아니다. 오롯하게 묶여진 밖의 테두리에 충실하면서 진정한 삶의 가치와 의미를 안의 알심으로 채워온 삶이었다.

　　농악과 춤을 상반된 영역이 아닌 우리의 신명 두 젖줄기로 삼아서 한 생을 보냈다. 인생은 비유하기를 사람 노릇하는데 20년, 자신의 구실을 하는데 20년, 남의 것에 빚진 데에 되갚기 20년 이라고 하는 말을 흔히들 한다. 그러한 생애를 통해서 정인삼은 남다른 길을 걸어갔다. 남에게 빚진 것을 되갚기 보다는 전국의 농악과 춤판을 돌보면서 그 터전을 가꾸고 후세에 베푸는데 열심인 삶을 살았다. 그래서 농악과 춤은 그의 한평생이 되었으며, 현재 반백년을 살고 있다.

　　이 책을 통해서 우리는 개인의 농악사 하나가, 전체 농악사이해에 어떻게 기여할 수 있는지 독자에게 거듭 반추되었으면 한다. 동시에 정인삼이 농악의 연주자로서뿐만 아니라, 춤판의 진정한 춤꾼으로 각인되기를 희망하게 된다. 상세한 내용은 동시에 제공되는 사진을 통해서 진정하게 이해될 수 있을 것으로 생각된다.

　　70생애를 정리하고 책을 만들기 위해 숱한 말을 나누었으나, 덜 담은 내용도 있고, 글의 생리상 덜어낸 것도 있다. 그 점을 아쉽게 생각하지만 동시에 전체를 아우를 수 있는 시각을 가졌으면 하고, 온전하게 주어진 수(壽)를 누리면서 일생을 통해 전개된 생애를 더 훌륭한 책으로 담을 수 있는 날이 이어질 것이라고 소망한다.

2011년 5월 19일
김헌선

▌차례

1. 농악

농악

정인삼

산골짜기 흐르는 물소리 같이
토란잎에 구르는 물방울 같이

수저 끝에 올라붙은 꿀 같이
버들키에
콩 까부는 소리

심산유곡 폭포수 쏟아지듯
징, 북소리
울을 두르고

곤(坤)나부 장단에
벼이삭 절로

훈장님 새색시도
신명이 절로

절로 절로
저절로

이 시는 내가 밤에 자다가 농악에 대한 기본적 생각이 나서 잊어버릴까봐 일어나서 쓰고 또 일어나서 쓰고, 또 몇 번을 고치고 고치기를 반복해서 완성한 것이다. 내가 살아온 나의 농악에 대한 생각을 정리하면서 새롭게 쓰고자 했던 것이다. 안용산 시인이 늘상 말하기를 '나는 고은 선생한테 시 공부를 했어도, 내 진정한 시의 스승은 정인삼 선생님이다'라고 나를 추켜 세우곤 해서, 내가 여러 밤을 새워 적어 본 이 시를 보내봤더니 '와~, 선생님 아니면 이런 시 못 쓰는데...'라며 답을 보내왔다.

시에 담긴 말이 그냥 있어도 좋겠으나, 시에 담겨 있는 함축적인 마음을 나의 말로 정리해 보이고 싶다. 싯구 한 구절 한 구절의 생각을 모아서 정리해보면 다음과 같다.

산골짜기에 흐르는 물소리 같이

꽹과리는 이렇게 쳐야 한다. 꽹과리 소리는 산골짜기에 물 흐르는 것처럼 잘잘잘잘.... 잰재재 잰재재잰 그렇게 쳐야 장구가 내는 쩌궁 쩌궁하는 소리와 어우러진다. 꽹과리가 장구를 넘어가려고 하고 위에 서려고 하면 소리 자체가 시끄러워진다. 산골짜기 흐르는 물처럼 졸졸졸 내려오다가 바위에 부딪혀 골골골 나무에 부딪치고 쫄쫄쫄 하는 것처럼 그렇게 쳐야 한다.

토란잎에 구르는 물방울 같이

연잎이나 토란잎이나 비슷한데, 토란잎에는 물방울이 떨어지면 토로록 한데로 모아지지 절대로 퍼지지 않고 영롱하게 떨어지는 것처럼 장구 궁채를 쳐야 한다. 토란잎에 구르는 물방울같이 영롱하고 똑똑하게.

수저 끝에 올라붙은 꿀 같이

수저로 꿀을 뜨면 꿀이 주르르 하다가 마지막 한 방울은 수저에 짤깍 올라붙는데 그게 얼마나 맛있게 올라붙는지 모른다. 요새 사람들은 열채를 막 때려 부수듯이 세게 치는데, 열채는 수저 끝에 올라붙는 꿀같이 맛있게 채를 붙여줘야 된다. 열채가 장구 지름의 2/3를 가는데 열채 끝이 면에 어떻게 가 닿느냐에 따라서 꿀맛이 달라진다.

버들키에 콩 까부는 소리

키에 콩을 까부는 소리를 들어보면 절대로 다른 콩의 소리를 잡아먹지 않는다. 콩을 까부르면 크고 작은 소리가 있지 않고 전체가 합쳐져서 자르르 자르르 아우르는 소리가 난다. 농악은 콩 까부는 소리처럼 전체를 합쳐서 고르게 가 줘야 된다.

심산유곡 폭포수 쏟아지듯

출렁출렁 하던 농악판이 매도지, 안바탕 같은 진을 말고 들어갈 때는, 심산유곡에 폭포수 쏟아지듯 정신없이 말아 묻혀서 한번에 '땅~!' 끝나는 게 농악의 맛이다.

징, 북소리 울을 두르고

징소리나 북소리는 재주를 많이 부리지 않지만 농악에서 없어서는 안 된다. 왜냐하면 징이나 북은 앞의 소리를 감싸주면서 농악

의 전체적인 울을 둘러주기 때문이다. 농악의 근본 기둥을 세우는
것이므로 모두 감싸 울을 두른다고 했다.

곤(坤)나부 장단에

길꼬내기·길군악 같은 곤나부 장단을 말하는데, 사람들이 꽃나
부라는 말이 더 예쁘다고 한다. 하지만 땅을 딛고 나비처럼 나라가
는 장단이니 땅 곤(坤)을 써야한다.

벼이삭 절로

어른들 말씀이 풍장굿을 치면 열 알 맺을 벼 이삭이 열 다섯 알
씩 맺는다고 했다. 음악을 들으면 곡물과 식물 성장에 도움이 된다
고 농촌진흥청에서 과학적으로 증명했다는데, 옛날 어른들은 과학
안 했어도 다 알고 있었다.

훈장님 새색시도

농악소리가 나면 훈장님도 회초리 놓고 밖으로 나오고, 부끄러움
많은 새색시도 살짝 대문을 열고 나온다.

신명이 절로

농악은 이렇게 산천초목은 물론 살아있는 모든 사람들이 다 절로
절로 좋아하는 소리와 모습이다.

절로 절로
저절로

농악의 전통은 농악에 대한 생각에서 올바른 계승의 방향을 찾을 수 있다. 농악에 대한 여러 가지 기록이 있으나 농악의 깊은 원리와 핵심적 면모를 간추린 생각은 이루어지지 않았다. 농투산이들이 하는 음악에 무슨 생각이 있었을까 하는 점이 그러한 기록의 부재를 낳을 수 있었음이 사실이다.

그러나 농악에는 알게 모르게 스며든 민족의 정신과 혼이 담겨 있으며, 농악에서 우러난 진정한 맛과 멋이 있으므로 이에 대한 생각을 정리해내지 않을 수 없다. 그러한 생각을 내는 단초는 농악에 젖어 사는 인물들이 할 수 있는 일이다. 알게 모르게 이루어진 생각의 단초를 찾아서 정리하게 되면, 이러한 생각의 단초를 만날 수 있을 것이다.

산골짜기에 흐르는 물소리는 거스름이 없으며 여러 골골과 물길을 순탄하게 흐른다. 여울을 만나면 여울물이 되어 소리하고, 거친 바위를 만나면 세차게 굽이친다. 그러면서도 자신의 목소리를 돋구어내지 않는다. 소담하고 아담하기 동그라지면서 자신의 존재감을 가녀리게 낼 따름이다.

이것은 농악의 쇳소리 또는 꽹과리 소리를 은유하고 상징한다. 저마다의 고유한 악기 소리를 가지고 있지만, 쇳소리의 근본적 면모는 다른 악기들을 이끄는 소리이면서도 쉽사리 다른 소리와 동화되는 면모가 있음을 지적하는 것이다. 물이 자잘자잘 흐르고 조랑조랑 소리를 내는 것이 바로 쇠와 장구가 만나서 내는 소리와 일치한다. 튀지 않고 가라앉으면서 남과 소리를 합치는 것이 바로 농악의 기본적인 특징이다.

토란잎에 구르는 물방울은 흩어지지 않고 하나로 영글면서 영롱하게 움직이는 특성을 가진다. 영롱하게 자신의 소리를 내면서도 흩어지지 않는 것은 바로 장구의 궁채 소리를 말한다. 수저 끝에 올라붙는 꿀은 짤칵하고 들러붙는 특성이 있다. 이 소리가 바로 장구의 열채 소리를 뜻한다. 궁채로 열고 열채로 닫는 장구소리의 특징을 말하면서 이들의 조화로운 면모를 말하는 대목이다.

악기소리는 저마다 각자의 소리를 내지만, 서로 조화로운 어울림을 이룩해야 한다. 서로 어긋지지 않고 하나로 합쳐질 수 있는 소리가 바로 농악기의 근본이 되는 점을 환기하게 한다. 그것을 버들키에 콩 까부는 소리라고 했다. 흩어지지 않고 한데로 아울러 질서를 이루는 것이 악기 소리의 졸가이다. 쇠, 장구 등이 적절하게 아울러지지만, 이 소리의 근본을 합쳐서 마무리하는 소리가 바로 징과 북소리이다. 휘갑을 치면서 맺어지도록 유도하는 것이 바로 징소리이고 기둥을 세우는 소리가 북소리이다.

치배들의 악기소리는 제 신명으로 머물 수 없다. 자신의 신명을 온 우주로 이어지게 해서 신명으로 감쌀 수 있어야 한다. 나의 신명과 자신의 속신명에 머무른다면 그것은 내적 신명이고, 여럿의 외적 신명일 수 없다. 그 장단에 천지만물이 함께 하는 점에서 치배들의 악기 소리가 바로 여러 사람의 신명으로 전환하고 이어진다.

곤나부 장단에 벼이삭이 절로 익는다고 하는 것은 악기를 치면서 논두렁을 밟았던 전통에서 비롯된 민족의 슬기인 신명을 지칭한다. 곤나부 장단으로 이루는 파동이 바로 만물을 영글게 하고 우주의 곡식을 익게 한다. 자연만 그런 것이 아니고 인사(人事)도 그러하여 치배와 잡색이 어울려서 하나로 되는 우주적 동참이 구현된다. 그래서 신명으로 모두가 하나 된다. 그러한 자연의 신명은 모든 삶을 약동하게 한다. '절로 절로 저절로'가 바로 그것이다.

　이 시는 악기 소리의 조화라고 하는 근본적 이치를 우리가 일구는 삶의 터전에서 비유를 찾아 더 먼데로 나아가는 생각을 전개했다. 그래서 만물의 근본 조화 원리가 무엇인지 말한 시이다. 아울러서 삶에서 우러난 비유를 들어 농악이 하나의 조화를 이루고, 인간과 자연, 자연과 우주, 사람과 사람 등의 사이에서 어떠한 생명의 원리로 이어지고 있는지 정리한 작품이다.

　천지만물을 일으키는 생명의 원리가 바로 신명의 약동이다. 그런데 그 신명은 외부적인 것이 아니라 자체의 고유한 신명의 '저절로'라는 원리에 입각하고 있다. 생명이 일어나고 사라지는 것은 '저절로'라는 자연의 생명부여 원리임을 말하고 있다. 내적 신명에 순응하고 외적 신명에 약동하는 기본이 바로 농악의 철학이자 신명의 원리이다. 또한 정인삼의 인생이 걸어온 길 또한 농악과 춤을 향하여 '절로 절로 저절로', 그리하여 으늘에 이르렀다.

2. 정인삼의 농악 한평생

2.1. 생의 어린시절

나는 1942년(壬午年) 5월 15일에 전북 임실군 강진면 백열리(현재는 신기리이다)에서 아버지 정남조와 어머니 이옥순의 5남 1녀 중 삼남으로 태어났다. 형제는 큰형과 작은형, 남동생, 여동생, 막내 남동생이었는데 작은 형은 일찍 세상을 떠났다. 어머니 나이 17세 때에 두 분이 혼인하여 일본으로 건너가 제직공장에서 한 동안 일하다가 다행히 한국에 돌아오고 나서 독립을 맞게 되었다. 한국으로 돌아온 아버지는 메리야스 공장을 지었으나, 6·25 전쟁이 일어나는 바람에 가동도 해 보지 못했다고 한다.

백열리는 정씨 집안이 100호 정도 되는 정씨 집성촌이었고, 할아버지 5형제와 한 마을에 살았으며 친할아버지 성함은 정세태로 기억한다. 우리 집에는 할아버지와 할머니 그리고 부모님과 형제들이 함께 생활하였고, 5~6명의 머슴을 두고 3만평 이상 농사를 짓는 부농이었다.

아버지는 한학공부를 많이 하신 분으로 '신상거복' '소문만복래' '문전나그네흥여복'같은 한문식 말씀을 많이 하신 것으로 기억한다. 그리고 '식객 천명이 오면 다 먹여라. 그 중 999명은 그냥 먹고 가도 한 명이 나중에 삼천 명 몫을 할 것이다.'라고 말씀하신 것이 마음 깊이 남아있는데 아마 남에게 베푸는 것을 아끼지 않는 분이셨던 것 같다. 가세가 기울어 고향을 떠나 살 때가 있었는데, 그 때 고향 분들이 쌀·콩 등을 보내준 것을 보고 '아버님께서 참 좋은 분이시구

좌) 정인삼 독사진 정인삼,
2007년.

우상) 정인삼 부친.정인삼
의 아버지 정남조

우하) 20대의 어머니 이옥
순(좌) 여사와 숙모(우)

나'하는 생각도 했다.

　　어머니는 아침에 세수하고 밥상에 앉으실 때 항상 곱게 빗은 머
리가 기억날 정도로 굉장히 부지런한 분이셨고, 어린 나를 옆에 앉
히기를 유난히 좋아하셨는데 '봄에 왜 바람이 많이 부는지 알아?'
'사람은 낯꽃이 좋아야 해'라고 하신 갈씀들은 인생에서 늘 중심이
되는 격언과 같은 역할을 했다. 비록 글은 모르셨지만 삶의 철학이
유달랐던 분으로 생각된다.

　　어머니는 들에 나가 버들피리·보리피리도 잘 불어주셨고, 충남
장항에 살았던 초등학교 때는 어머님과 장도 같이 보러 다니고, 단

체영화를 보러 가기도 했다. 그리고 흔한 무대는 아니었지만 무용 공연을 보러 간 기억도 있어, 어머님과 함께 한 문화적 생활과 추억이 삶에 끼친 영향 또한 적지 않다. 아버님은 25년여 전인 72세에 어머님은 5년 전인 88세에 돌아가셨다.

2.2. 어린 시절 굿에 대한 강렬한 추억

집안 형편이 어려워져 6세쯤 고향을 떠나 전북 임실과 충남 장항에 가서 10여 년을 살았을 때 풍물굿에 대한 여러 가지 기억들이 있다. 동네의 농악기(그때는 기물, 군물이라 그랬다)를 우리 집 더그매(소 외양간에 딸린 다락)에 보관했었는데, 아버님께서 농악을 참 좋아하셨던 것 같다. 생각해 보니 아버님께서 일본에 가서 일하실 때 영기·농기 등을 만들어서 고향에 보내셨다고 했고, 고향 백열리 정지나 무골에 샘물이 솟아나던 당산도 머릿속에 어렴풋하다.

섣달그믐이 되면 동네 사람들이 이 농악기를 내려서 복색을 갖춰 입고 매굿을 치러 다녔다. 매굿은 하룻밤에 한 집도 빼지 않고 다녀야 하는 것이 너무 바빠 어른들이 '매굿 치러 다니다 제사도 못 지낸다'는 말씀들을 하셨다. 그 때 고깔 만드는 방법 배운 것을 기억해서 지금까지도 만드니 어렸을 때 매굿의 기억이 얼마나 강렬하고 인상 깊었는지 알 수 있다.

매굿은 섣달 그믐날 대충대충 치고 집집마다 빨리빨리 돌아가는 것이며 다른 말로 마당밟이·뜰볿이 그러는데, 이 뜰볿이하고 걸립하고는 차원이 다르다. 걸립을 전주·임실 근방 전라북도에서 쓰는 말로는 걸궁이라 그랬는데 지신밟기하고 걸궁하고 차원이 같다. 우리 어렸을 때는 '걸궁났다, 걸궁났다' 그랬다. 걸궁, 걸궁 하다가 다들 걸립, 걸립 하니까 나도 걸립이라고 한다.

　섣달 그믐이 지나 새해가 되면 정월 초하루에서 초사흘까지는 누구라도 섣불리 남의 집에 가지 않았는데 특히 여자의 경우는 더욱 조심스러웠다. 초사흗날 점심 먹고 나서 동네 분들이 걸립 농악에 나선다.

　걸립을 하게 되면 먼저 들당산을 치는데 들당산을 쳤는데도 문을 안 열어주니까 문굿을 또 친다. 문굿을 할 때 들당산에서 했던 것을 변형시켜서 또 한다. 어른들 말씀으로는 문굿을 보면서 '이놈들이 잘 노는지 봐야지.' 했다지만 약속은 다 되어 있는 거였다. 약속없이 다른 마을에 들어갈 수 없었고, 약속이 되어 있어도 요식 행위로 들당산도 치고 문굿도 쳤다고 한다.

　문굿을 치고 대포수하고 창부는 마을에 들어와서 마을 어른들과 합의를 보고, 치배는 마을 저 밖에 서 있다가 갈퀴를 들고 흔들면 합의를 보았다는 뜻이니까 들어갈 수 있었다. 빗자락을 들면 들어갈 수 없었는데, 갈퀴는 긁어 들이는 거고 빗자루는 쓸어 내버리니까 그런 의미로 들어보였던 것 같다.

　문굿을 치면 문을 열어주고 그 다음에 당산굿을 치러 간다. 당산굿하고 당산제하고 다른데, 당산굿은 음식·상 이런 것을 전혀 차리지 않고 걸궁 한다고 걸립 한다고 고하는 거다. 당산굿을 하고 나면 그 다음에 마을 공동우물에 가서 샘굿을 하는데, 샘굿은 비교적 간단한 반면 당산굿은 당산 앞에서 장구놀이·쇠놀이·북놀이도 하고 좀 복잡하다.

　내 생각엔 당산보다 샘이 신격으로는 더 위라고 생각한다. 어떤 분은 샘굿을 먼저 치기도 했는데 당산을 오르다가 샘을 만나면 먼저 치고 가야지 비켜 갈 수 없는 노릇 아닌가. 그 다음에 집집이 들어가서 걸립하고, 걸립을 다 돌고 나면 맨 나중에 판굿을 친다. 그래서 나는 걸립이 판굿보다 훨씬 먼저 생긴 농악의 형태라고 생각한다.

걸립을 하기 위해 집에 들어가면 성주굿·조왕굿·철륭굿·곳간굿·칙간굿의 순서로 쳤는데, 부엌에서 음식이 나오기 전에는 조왕굿을 치러 들어가지 못했던 것으로 기억한다. 집안에 샘이 있는 부잣집에 들어가면 샘굿을 해야 한다.

각 집마다 떡국·닭죽·콩나물죽·술 등을 차려 내오는데, 걸립패뿐만 아니라 동네 사람들이 음식을 다 같이 나누어 먹었다. 음식을 먹고 다른 집으로 옮겨갈 때 상쇠가 꽹과리를 쳐서 '굿을 일군다'고 했는데, 이는 없었던 것 또는 쉬던 것을 일으켜 세우기 위해 상쇠가 먼저 악기를 쳐서 굿패를 움직이게 하는 것을 말한다.

아버님이 농악을 좋아하셔서인지 우리 집에서 제일 먼저 치고 시작했다. 우리 아버님 같은 경우는 쌀 두 가마씩 내 놓곤 하셨다는데, 두 가마를 양쪽에 나눠 놓고 그 위에 영기를 하나씩 꽂아 놓았었다고 한다. 우리 집 빼고 간혹 있는 집에서 쌀 한 가마를 내 놓으면 영기 두 개를 한 가마에 꽂았다고 한다.

걸립은 동네를 다 돌아다녀야 했으므로 일주일은 했을 것이다. 있는 집에서는 걸립패에 음식을 대접하고 쌀을 내놓는 것이 어렵지 않았으나, 당시 쌀 한 되 내놓기도 어려운 집이 꽤 있었다. 그렇게 쌀을 많이 내놓지 못하는 집에서는 쌀 말통이나 됫박을 엎어서 그 말통 엉덩이·됫박 엉덩이에 쌀을 수북이 올려놓고는 '쌀을 한 말 놓았네', '한 되 놓았네' 하기도 했다. 말통과 됫박을 거꾸로 엎어 놓은 줄 다 알지만 그렇게 하였다. 아니면 그냥 작은 밥공기에 쌀을 담아 내기도 했는데, 동네에서 이것을 적게 놓았다고 흉보는 일은 절대 없었다.

걸립을 할 때는 대포수가 섭외부장이나 마찬가지다. 대포수가 집집마다 먼저 가서 부엌에 가서 상도 가져오고 싸리문도 열고 내올 쌀이 없다고 하면 말통이나 됫박을 엎어 쌀을 올리기도 했다. 대포수가 결정하는 것을 그 동네 모든 사람들이 이유를 달지 않는다.

내가 11살~12살 기억에 의하면, 옛날엔 한 집도 빼 먹으면 안되니까 '쌀 없다' 그러면 대포수가 대주 밥사발에 쌀 수북하니 놓고, 초 없으면 촛불도 못 켜지만, 밥그릇에 촛불 켜 놓고 물 한 대접 이렇게 시량수(柴糧水: 때나무, 양식, 물. 인간이 살아가는 가장 중요한 세 가지)만 올려놓게 했다. 쌀을 적게 내놓아도 무색하지 않을 수 있는 분위기는 걸립패의 대포수가 각 집을 다니면서 부릴 수 있었던 재량과 아량의 폭에 달렸던 것 같다.

부잣집에 가면 쌀 한 말이나 간혹 한 가마를 내놓는데, 집안에 샘도 있고 행랑채·사랑채·몸채 등으로 구성된 큰 집에서 하는 걸립은 시간도 많이 걸리고 놀기도 많이 놀아야 해서 하루에 한 집밖에 못 한다.

쌀 한 됫박씩 걷으려면 몇 집을 돌아야 하는데, 부잣집에서 쌀 한 가마 내놓으면 딴 데 갈 것도 없이 그 날은 그 집에서 아예 놀아버린다. 그러면 하루 종일 먹을 것도 나오고, 큰 아들·작은 아들·큰 사위·작은 사위 다 불러서 분값이다·연지값이다 해서 장난을 놀면 돈도 많이 나왔는데 그런 장난은 다 잡색들, 대포수가 했다.

농악대가 고사를 드린 뒤에 고사상의 쌀을 거두는 장면이다. 본디 농악대는 정월달의 지신밟기나 걸립을 할 때에는 집집마다 들러서 고사소리를 했다. 대가집과 같이 잘사는 집에서는 걸립패를 맞이하여 간단한 고사상을 차려서 농악대를 맞이하였다. 고사상에는 서말 서되 서홉의 쌀을 갖고 그 위에는 불백기로 명주실과 함께 집안 대주의 수저를 거꾸로 꼽고, 삼색 실과와 함께 시루떡을 바치기도 했다. 집안의 일년 동안 안과태평을 비는 의례를 거행하는 것이다. 이때에 상쇠는 고사소리꾼을 겸하는 일이 흔한데, 그러한 점에서 보면 농악대의 고사소리꾼은 무당처럼 사제자의 성격을 겸하게 된다. 고사를 마치고는 집안에서 제공한 고사의 쌀을 담아서 걸립의 밑천으로 삼아 싸가지고 간다. 그렇게 마련된 쌀은 곧 농악대가 속한 마을의 공동기금으로 사용되었다.

임실이나 장항이나 걸립하는 것은 모양이 같았던 것으로 기억하는데, 정초에 흉사가 있어서 걸립을 못 한 집은 열 사흗날 쯤에 따로 하기도 했다. 열 나흗날과 보름날 저녁에 지게 지고 다니면서 찰밥을 얻으러 다닌 기억도 있다.

전북에서는 정월 대보름굿을 따로 하거나 대보름 때 줄굿을 잘하지 않았던 것 같고, 전남에서는 고창줄굿, 장흥줄굿처럼 대보름 때 줄굿도 많이 했던 것 같다. 줄굿 하기 전에 고싸움부터 했는데, 나중에는 이 줄굿 전의 고싸움만 빼서 광산 고싸움처럼 독립시켜 놓기도 했다.

2.3. 전주농고, 우도농악을 시작하다.

전주에서 지내던 시절에 나는 전주의 그 너른 예향의 품안에서 마음껏 전통의 맛을 느껴볼 수 있었다. 게다가 전주농림고등학교의 농촌예술반 활동을 시작하면서 나만의 길을 찾아갈 수 있게 되었다. 처음 농촌예술반 활동을 시작한 것은 10대 후반의 일이었지만, 이 인연이 이후에 나의 인생을 평생 좌우하게 된 것이나 마찬가지였다.

나는 1950년대 후반부터 전주농림고등학교 농촌예술반에서는 춤과 음악 분야 등 다양한 전통예술에 관해 배우고 익혔는데, 당시 전주농고 농촌예술반은 여러 국악인 선생님들이 찬사를 보낼 정도로 뛰어난 실력과 많은 공연활동을 했었다.(농촌예술반 활동에 대한 내용은 3.1장에 자세히 서술하였다.) 이처럼 활발했던 농촌예술반은 1960년대 중반에 들어서면서 다른 활동은 거의 없어지고, 농악부 학생들만 10여 명 남아있게 되었다.

　1965년에 전주의 삼남일보사가 주최한 제1회 전주시민의 날 '풍남제'가 있었다. 당시에 전주농고 농악부 학생들이 이 대회에 참가한 것을 기념하며 친구 이진상과 함께 덕진공원 충원탑 앞에서 촬영한 사진이 있다. 당시 전주농고의 농악부 학생들은 대회출전금도 없는 상황이었다. 그러나 이에 굴하지 않고 자신들이 배워온 농악을 펼칠 수 있는 기회를 얻기 위해서 나를 비롯한 몇몇 학생들이 삼남일보사의 편집국장을 직접 찾아가서 전주농고 농촌 예술반을 후원해줄 것을 요청했다. 그렇게 마련된 대회출전금으로 전주농고 농악부 학생들이 덕진공원 수양전 앞에서 여러 사람들을 앞에다 놓고 대규모의 공연을 벌이게 되었다.

　사진에서 보는 것처럼 농악 공연을 할 때 대부분 조끼나 삼색띠를 매지 않고 흰색의 복색만 입었었다. 당시에는 모두 비슷한 상황이었는데, 이후 민속예술경연대회를 참가하면서 그 복색에 변화가 나타나기 시작했다.

　그때 어린 우리들에게 '풍남제'는 큰 축제였는데 예술인축구대회 등의 좋은 구경거리도 있었다. 특히 김연수, 김소희, 박초월, 박귀희, 박록주, 장영찬, 김여란 등의 명창들이 대거 참여해 가설무대에서 입체창으로 만들어낸 장대한 소리무대는 강렬한 기억으로 남아있다.

　그러던 중 1965년 봄 어느 날 친구들이 어디선가 민속예술경연대회 광고 기사를 오려가지고 왔다. 기사를 찬찬히 살펴 본 내가 전주농고 농촌예술반이 그 동안 열심히 해왔던 전력으로, 졸업생들의 역량을 보이고 더불어서 후배들의 사기를 북돋아 주기위해 농악으로 전국대회 한 번 나가자고 제안했다. 그러자 함께 활동하고 있던 몇명 졸업생들이 적극적으로 동의를 해주었고 다른 졸업생도을 더 모을 수있었다.

내가 당시 김순만 교장선생님께 '도 대표로 선정되면 비용은 도에서 부담하니까, 역사가 있는 예술반을 부활시켜야 한다. 그러려면 지금 하는 농악 가지고는 안 되니까 훌륭한 선생님들을 모셔서 다시 배워야 된다'고 간곡히 말씀드려 허락을 받았다. 그래서 국악협회에서 미리 조사를 해서 모시고 배울 선생님들을 정하고, 후배 최배현(초등학교 교장선생님 정년퇴직), 임한섭(현

1965년 전주농고 농악부 시절, 덕진공원 충원탑 앞에서 정인삼(좌)과 이진상

재 생존) 등과 같이 움직여서 꺵과리의 명인인 박남석(식) 선생님과 장구의 명인 이명식 선생님을 모셔오게 되었다.

정읍군 영원면 장재리의 장구 이명식 선생님, 부안 줄포면 박남석 선생님, 장성 전재성 선생님 이런 분들을 모시러 갔는데, 우리나라에서 아마 최초로 고등학교에서 농악을 가르치게 된 분들이 이 선생님들일 것이다. 처음에 정읍으로 가서 이명식 선생님을 찾아뵙고 말씀을 드렸더니 그 자리에서 승낙하시고 바로 그 자리에서 보따리를 싸서 따라 나서셨다. 시장에서 라이터돌을 갈아 끼우시면서 '나는 전주농고에 학생들 가르치러 가네'라고 하면서 동네

분들에게 자랑하시던 게 기억이 난다. 라이터 돌 갈아드리는 돈을 내 드리느라고 차비가 달랑달랑할 정도로 준비된 비용도 적었지만, 그렇게 세 분 선생님들을 흔쾌히 모시고 오게 되어서 너무나도 기뻤다.

막상 선생님들을 모시고는 왔지만 숙식을 마련해 드리기는 쉽지 않아서, 전주농고 기숙사 방 한 칸을 비워서 선생님들을 모시고, 밥은 옆의 하숙집에 드시게 했다. 그 때 나는 춤만 쳤지, 농악은 전혀 해 보지 않은 사람이었다. 그런데 선생님들이 왔다 갔다 하시면서 '인샘이 저거 나중에 써 먹게 가르쳐야 한다'고 하셔서 장구를 배우게 됐다. 내가 제일 선배인데 장구 치는 다섯 명 중에 내가 제일 못 쳤다.

선생님들 모시느라 학교에서 선생님들과 숙식을 같이 하던 내가 저녁에 선생님들 방에 군불 때고 이부자리 깔아드리고 방에 누워있으면, 선생님들이 '인샘아, 자냐? 안 자면 배 우(위)에다 열 손꾸락으로 장구 쳐 봐라' 하셨다. '덩 다다 궁다구구, 덩 다다 궁다구구...' 물론 잘 안 됐지만, 감(느낌)이 자꾸 들어오게 되었다. 다른 친구들은 저녁이면 집으로 돌아가니까 선생님들께 그런 깊고 세세한 것은 절대 배우지 못 했다.

농사를 짓던 선생님들이 새벽에 일찍 일어나시면 세숫물도 떠 드리고 준비를 다 해도 아침 먹으러 가기 전에 두 세시간 공백이 있었다. 그러면 선생님들 앞에서 방바닥에다도 치고 무릎에다도 치고 벽에다고 치고 그러면서 또 배웠다.

내가 장구 구음을 항상 '떼궁 떼궁 좆떼궁' 하는 건 다 선생님들의 가르침 때문이다. 전재성 선생님은 '야야, 우리도 선배들한테

욕으로 배웠다. 그러면 안 잊어먹는다'
하시면서 '따궁따궁따궁 덩 궁 따' 이 가
락을 '떼궁 떼궁 좃떼궁' 하면서 익히게
하셨다. 장구와 꽹과리 실력 뿐 아니라
그 안에 담긴 여유와 웃음까지 배울 수
있는 소중한 나날들이었다. 선생님들이
주무시면서 몸을 몇 번을 뒤척이는지,
방귀는 몇 번을 뀌는지 알 만큼 선생님
들과 함께 한 시간과 공간은 조심스러웠
지만 가치로웠다.

　그 세 분의 선생님이 술을 얼마나
좋아하셨는지 막걸리 소두 한 말에 막소
주 대두 한 병을 양동이에 한꺼번에 부

박남석, 이명식 선생님들과
전주 농고 농악부 학생들
박남식(쇠), 이명식(장구)
선생님이 학생들을 위해
서 열렬히 활동해 주시던
시절을 담고 있는 자료이
며, 또한 정인삼과 함께 했
던 후배들의 모습을 확인
할 수 있는 사진이다. 앞에
앉아계신 선생님들과 함께
좌측부터 정동진(장구, 진
안), 임정택(소고, 순창), 김
무술(열두발, 정읍), ○○○
(장구) 등의 후배들을 확인
할 수 있다.

어서 담아놓으셨다. 막걸리만 마시면 싱겁다고 하시면서... 그리고
열무 김치 한 보시기와 젓가락 하나만 있으면 되었다. 한참 두들기
다가 김치 보시기 덮은 양은 뚜껑으로 양동이의 술을 확 저어서
한 양재기 퍼서 드시고 김치 하나 딱 드시고는 '자, 시작하자.' 그렇
게 아침 10시에 시작하면 밤 10시까지, 밥 먹는 시간 빼고 열심히
가르치셨다.

　선생님들은 장구와 꽹과리를 가르치시면서 '각 뜯어먹고 쳐야
한다'는 말씀을 종종 하셨는데, '각각 지대로(마음대로) 치는데 남의
것(남의 장단이나 가락)은 잡아먹지 않아야 한다'는 말씀이셨다. 그만큼
우도 장구와 꽹과리는 다양한 장단과 가락 묘사가 가능하고 그것
은 개인의 실력이지만, 그 실력과 재주가 남의 소리를 잡아먹으면

안 된다는 뜻이다.

　장구를 어느 정도 배웠는데 장구가 다섯 명이라 짝이 안 맞아서 한 명이 빠져야 했다. 그 때는 장구 치는 사람의 인원수를 꼭 짝수로 맞추어서 했다. 내가 농악부에 늦게 들어갔고 선배니까 내가 빠지기로 해서 꽹과리로 바꾸게 되었는데 꽹과리도 네 명이었던 게 다섯 명이 되었다.

　장구를 배워서인지 꽹과리는 바로 따라 칠 수 있었다. 그 때 선생님들은 다섯가락 여섯가락 달고 치면서 따라 치라고 하니까 배운지도 얼마 안 된 사람들이 도무지 배울 수가 없었다. 그래서 선생님은 오른쪽에 앉으시고 내가 가운데 앉고 후배들은 왼쪽에 앉아서, 내가 중간에서 '선생님, 잠깐이요.' 해서 후배들한테 한 장단, 반 장단 넘겨주고 넘겨주고 해서 조금 수월하게 꽹과리를 배울 수 있었던 것 같다.

　다른 학생들은 한 달 동안에 장구나 꽹과리 한 가지만 배웠는데, 나는 장구를 배우면서 판굿을 다 떼고 개인놀이까지 다 익혔을 뿐 아니라 꽹과리도 다 배울 수 있었다. 그 때 졸업생 중에 교대 다니는 최배현이라는 후배가 제일 잘 해서 상쇠를 서고, 재학생 중에 한 명이 부쇠를 치고(내년에 상쇠를 해야 하니까), 내가 삼쇠 서고, 또 다른 재학생이 사쇠를 섰다. 꽹과리를 배운 다섯 명 중 김덕윤이라는 친구는 키도 크고 잘 생겼었는데, 부포를 잘 돌리지 못 해 나한테 밀려서 징을 치게 되었고, 임한섭이라는 후배가 설장구를 쳤다. 그 때 소고 하는 사람들은 먹은 거 다 토하고 피까지 토하고 그랬다. 옛날 선생님들은 가르치는 방법을 잘 몰랐으니 그냥 '써, 돌려' 그랬으니까.

그렇게 1965년 여름의 한 달이 전주농고에 얼마나 새로운 길을 열리게 했는지 그 때는 상상하지 못했다. 이후 우리들의 인생은 한 동안 휘황찬란하게 치장을 한 배를 타고 떠나는 여행과 같았다.

2.4. 전주농고, 전국민속예술경연대회 전북대표로 출전하다.

해방되고 나서는 3·1절 행사에도 8·15 광복절 행사에도 각 동네에서 농악을 치고 나와서 시합을 했다. 광복절 행사에는 국민의례·기관장 연설·만세 삼창을 하고 농악·씨름 등 여러 가지 행사를 했다. 사람이 많이 모인 곳에는 늘 각 마을 농악이 모였던 것이다.

1960년대 초에 시작한 민속예술경연대회는 시·군 예선이 정부차원에서는 계획이 되어 있었던 것으로 아는데, 이 예선을 꼭 한 건 아니고 지명을 해서 나온 경우도 많았다. 당시에는 민속이 여러 가지로 살아있는 상황이었으므로 그 중에 지명을 하기도 했다.

하지만 1965년 전북에서는 예선을 제대로, 그야말로 시합을 했다. 시합한다고 전주공설운동장(이 땅은 원래 이주상씨 소유였는데 전주시에 기증을 해서 현재는 시에서 문화촌으로 조성했다.)에 가 보니까 정읍농악하고 전주농림고등학교 딱 두 팀만 나와 있었다. 전주농림고등학교 팀 30명은 졸업생과 재학생이 절반씩 구성되었었는데 그 중에 내가 가장 나이가 많았다. 그런데 정읍농악에는 전국에서 내로라하는 선생님들이 다 출전을 했다. 그때 정읍농악에 상쇠는 박남석 선생님, 부쇠는 현판쇠 선생님, 장구에 이명식 선생님, 김병섭 선생님, 소고에 장수 지역의 수법구 한판옥 선생님 이런 하늘같은 분들이 출전했으니까 당할 수가 없는 일이었다.

얼마 전 우리 전주농고에 와서 가르치셨던 이명식·박남석·전재성 선생님 모두 정읍농악 팀원으로 참가하셨으니 황당하기 이를 데 없었다. 원래 전주는 좌도 농악을 하는 지역인데, 그 좌도농악을 기본으로 해서 학생농악 즉 창작농악을 한다고 선생님들한테 한 달 배워서 시합을 나갔으니 생각해 보면 사람 죽을 일이었다.

그래서 이명식 선생님께 '선생님, 우리 가르쳐 놓고 잡아먹으려고 선생님 장구치고 나오셨냐?'고 막 불평을 했더니, 이명식 선생님이 '야야, 걱정하지 마라. 내가 장구 애각나게(엄한데 박 틀리게 치는 것) 몇 번만 치면 끝낭게 걱정하지 마라' 하셨다.

시합은 판굿을 처음부터 끝까지 치고 장구놀이·쇠놀이·소고놀이·열두발상모 등 개인놀이까지 다 해서 40~50분 정도 했다. 정읍농악 팀은 우도농악을 했고, 전주농고 역시 선생님들한테 배운 우도농악을 했다.

당시 유청, 정오동 선생들이 심사위원으로 참여했는데, 이 중 누구였는지 생각은 안 나지만, 그렇게 시합을 마치고 나서 나온 심사평은 다음과 같았다. '전주농고 팀은 기량은 부족하다. 그런데 단체 호흡이 참 잘 맞는다. 정읍농악은 기량은 출중하나 단체놀이로서의 호흡이 맞지 않는다. 그래서 우승을 전주농고 팀으로 정한다.' 이렇게 해서 전주농고는 전국민속예술경연대회에 전라북도 대표로 나갈 수 있었다.

그 해 전국민속예술경연대회는 서울 덕수궁 중화전에서 가을 10월에 했던 것으로 기억한다. 선생님들한테 우도농악을 배울 때가 여름이었으니, 예선은 9월 쯤이었던 것 같다.

　　덕수궁 중화전 대회에 가기 위해 서울 간 것이 나에게는 첫 서울행이었다. 남산·이순신 장군 동상·남대문을 처음 보면서 신기하고 재미있었다. 남산 밑의 양동에 여관을 잡았는데 놀기 좋아하는 선배들은 남산 놀러가고 그랬는데, 나는 옷 다려놓고 부포 걸어놓고 대회 준비만 했지 놀러다닐 줄을 몰랐다.

　　드디어 경연을 하는 날, 그 때 각 도 대표로 나온 삼천포농악·선산무을농악·전남농악 모두 다 굉장했다. 선산무을농악이 경북 대표로 나왔는데 이만한 북을 치면서 들어오는데 북도 엄청나고 꽹매기 가락이 자그랑 자그랑거리는 게 한 번에 기가 죽었다. 우리 전주농고는 어른도 아니고 학생들이 나왔으니 뭐 볼 것도 없었다. 그래도 그 때는 대개 시골에서 농사짓던 분들이 대회에 참가하느라 그을리고 주름지고 다 그랬는데, 우리는 어린 학생들라서 그랬는지 서울 시민들이 환영을 대단하게 해 주었다.

시합을 하면서 장구를 치던 임한섭이 바지에 고무줄을 넣지 않고 끈으로 묶어서 장구놀이 할 때 바지가 흘러내려 벗겨지는 줄 알고 여러 사람 애태우다가 간신히 마쳤다. 그래서 임한섭의 별명이 '싼바지'가 되었다.

우리는 꼭 상 받으려고 나간 건 아니고 후배들한테 전국대회 나갔다는 역사를 전해주기 위해서 나간 건데, 다행히 장려상을 받았다. 나는 잘 못했으면서도 개인상을 받아보려고 기를 썼지만 받지 못했다. 심사평에 '북이 없었다'는 내용이 있었는데 사실 우도농악에서는 북을 잘 안 쳤다. 전북 국회의원 유청씨가 상장을 직접 전달하였다.

그 대회에 정오동, 전사종 이런 분들이 오셨는데 (기념사진에 다 있다), 정오동 선생 얘기가 '소고는 면(面)놀이다, 얼굴놀이다.' 즉 얼굴을 어떻게 가지고 노느냐에 따라 달렸다고 말씀하신 게 기억난다. 정오동 선생은 정형인 선생님처럼 조그맣고 따글따글하게 생긴 게 비슷한데, 열 두발로 유명했다. 국악예고 강사선생님이었던 정오동 선생은 서울 와서 학생들 가르치는 선생님들이라고 전라도에서는 국악인들이 부러워하는 스타였다. 이정범 선생은 국악원에 있었으니까 그 부러움이 더 했다.

대회가 끝나고 명동에 와서 저녁을 먹은 거 같은데, 명동에 금강양화점·칠성양화점 이런 양화점들이 있어서 그거 구경하다가 일

1970년, 제11회 전국민속예
술경연대회, 광주공설운동
장. 전주농림고등학교 농
악단 (대통령상 수상)

행을 놓쳐버려서 얼마나 놀랬는지 모른다. 춤추고 뚱땅거린다고 쫓
겨나긴 했지만, 구두방 점원을 10여 년이나 했으니 멋지고 큰 양화
점에 관심을 갖는 건 당연했다. 어쨌든 길을 잃고 혼자 헤매다가
침착하게 쭉 걸어가니 서울역이 보여서 서울역 앞의 숙소를 찾아
갈 수 있었다.

　서울 올라올 때는 기차를 탔기 때문에 내려갈 때는 용산에서
전주까지 신흥여객 버스를 타고 내려가기로 했다. 공주·유성·논산
으로 가는 1번 국도를 타고 내려가는데 천안까지는 길이 포장이 돼
있었지만 천안 지나면서 자갈길 위를 더덜덜 가다가 공주 곰나루
다리를 지나 버스터미널서에 딱 한 번 쉬었다. 휴게소에서 어른 주
먹만한 찹쌀떡을 아줌마들이 들고 돌아다니며 팔았는데 돈이 없어

서 사 먹지 못했다. 그 찹쌀떡이 지금도 먹고 싶다.

　　전주농고의 활동은 여기서 끝난 것이 아니었다. 우리들은 이후에도 전주를 비롯한 각 지역에서 농악공연 또는 경연대회가 있는 곳이면 어디든 찾아다녔고, 그 중요한 결실이 바로 1970년에 있었던 민속예술경연대회에서 발현되었다. 1970년 10월, 광주공설운동장에 모인 우리들은 모두 결의에 차 있었고, 수년 동안 쌓아온 우리들의 실력을 보여주기 위해서 단단히 합심했다. 그리고 그 동안 우리에게 따뜻한 애정과 굳건한 믿음으로 가르쳐주신 여러 선생님들께 보답하기 위해서라도 우리는 반드시 의미있는 결과물을 만들어내고 싶었다.

　　그리고 우리 전주농고 농악단 일원들은 그 동안에 닦아온 실력을 바탕으로 본선 대회에 출천했던 그 날 하늘 높이 날아올랐다. 그리고 대통령상이라는 영예의 1등 대상을 수상하게 되었다. 그리고 우리들의 앞날은 더욱더 나아가 한국민속촌 농악단으로의 입성이라는 행보로 이어졌다.

　　제11회 전국민속예술경연대회에서 대통령상을 수상한 전주농고 농악팀에 대한 신문기사가 다음과 같이 실리기도 했다.

　　"(전략)…대통령상을 탄 전주농림고교의 농악은 40명이 두팀으로 나뉘어 다양한 기교(技巧)로 변화있고 박력있는 출연을 보였는데, 나이어린 고등학교학생들이 26명이 고교 1년생. 전통적인 호남(湖南)농악을 제대로 전수했을뿐 아니라 대형(隊形)을 둘로 나누고도 혼연일체의 활기넘친 출연을 한 것을 심사위원들은 높이 평가했다.

1970.10.26 동아일보 5면.

　　지도교사 이기주(李基株)씨에 의하면 농악대를 좌우양대(左右兩隊)로 나눈 것은 종래 농악대를 하나로만 꾸며오던 전통에 대한 도전이었으며, 템포를 빠르게 그리고 대원(隊員)의 움직임을 좀 더 다이나믹하게 한 것이 다른 농악대와 다른 것이라고 말했다. 그러나 그는 호남(湖南)의 농악이 원래 변화가 많고 기교를 요하는 것이어서 기초훈련에서부터 만족할만한 농악대원(農樂隊員)으로 훈련하기까지에는 상금(賞金)을 능가하는 경비(대통령상 상금은−일백만원)와 여름방학도 없이 일년에 쉬는 날이 추석날 하루밖에 없을정도로 맹훈련을 거쳐야만 했고, 지방민들로는 도저히 따라올 수 없을 것이라고 했다. …(후략)" − 1970년 10월 26일, 동아일봅 5면 기사 中 −

2.5. 농악의 명인들에게 배운 호남우도농악

호남우도농악에서 오채질굿·호허굿을 왜 치는지 물으면 뭐라고 특별히 할 말은 없지만, 오채질굿은 행군이고 호허굿은 굳이 말하자면 점호하는 것이라고 할 수 있다.

박남석 선생님은 오방진을 그냥 방울진이라 했고, 오방진은 맨 처음 해야 하는 게 이치에 맞는 거다. 맨 처음에 벙어리 일채로 '궁~짜 궁~짜' 다섯 번을 치는 걸 오방진이라고 하셨고, 우리가 얘기하는 오방진은 방울진이다. 오방진은 일·이·삼채 치고 나가서 진을 네 개를 친 다음에 가운데에 만들어서 오채질굿으로 치고 나왔다. 지금은 정리가 돼서 나 같은 경우는 여기서 맺고 여기서 맺고 가운데서 맺고 그러는데, 옛날 어른들은 우리가 지금 하는 까치걸음·짝다드래기 그게 똑같이 말하자면 오방진이다.

그렇게 오방진 치고 나와서 인사를 하는데 지금이니까 원으로 서서 인사하지, 옛날에는 인사하는 게 따로 없어서 일렬로 쭉 달고 가서 심사위원들 앞에서 인사하고 그랬다. 그것이 차츰 세련되면서 원으로 인사하게 된 것이다.

지금 사람들이 오방진이라고 하는 것을 보면, 꽹매기 돌고 있으면 장구가 돌고 가고, 장구가 돌고 가면 소고가 돌고 가고 하는 것을 오방진이라고 하는데, 그게 어느 때인가 누가 오방진이라고 한 것을 다들 오방진이라고 따라 하는 거지, 그건 방울진이지 진을 다섯 개 치는 오방진은 아니다.

우리 농악은 진·놀이·굿 세 가지 용어로 다 진행이 되는데, 그것을 굳이 정리하자면 오채질굿은 행군이고, 좌질굿은 역진, 풍류굿은 을자진, 양산도는 해방 후에 나중에 생겼다고 한다. 요즘 애기하는 오방진을 나는 방울진이라 하고, 오방진 끝나면 짝다드래기 그러니까 짝두름을 한다. 짝두름은 보병하고, 호허굿으로 포병 분열되는 것이라고 할 수 있다. 그렇게 분열하고 호허굿은 다 모였는지 점호하는 것이다. 점호하고 나서 가세치기, 미지기로 싸움을 하는 것이다.

　구정놀이는 그냥 구정놀이, 그냥 악기별로 개인적으로 노는 놀이다. 그 다음에 일광놀이를 하는데 옛날 어른들은 '어이, 구정놀이를 호허굿 끝나고 하까? 일광놀이 끝나고 하까?' 그러신 걸 보면 구정놀이 하는 순서가 딱 정해진 게 아니라, 잡색이 노는 게 없으니까 잡색 놀고 난 다음에 구정놀이를 하기도 했던 것 같다.

　일광놀이 하고 난 다음에 도둑잽이 하면 판굿이 끝난다. 마지막에 탈복굿, 재넘기굿이라고도 하는 것을 했는데 탈복굿 하기 전에 소리굿으로 '얼싸~ 절싸~' 하기도 했다. 호남좌도농악이나 호남우도농악이나 소리굿, 탈복굿을 하고 매사냥굿도 같은 형태로 했다.

　판굿 속에 매사냥굿도 하는데, 매사냥굿은 가장 오래된 농악의 형태라고 생각한다. 매사냥굿은 몰이굿이라고도 하는데 그건 그냥 난타로 '다다다다다' 친다. 매사냥굿은 짐승 모는 굿으로 옛날 어른들이 방울을 들고 나가서 '다다다다 다다다다' 짐승을 모는 것처럼, 매방울을 그냥 달랑달랑 흔드는 걸 농악에서 하는 거다. 금산에서는 방울은 없고 매 부르는 우~ 우~' 소리만 했다고 한다. 이런 것들이 다 농악 선생님들께 1960년대 들은 이야기이고, 그런 것들이 다 살아있을 때 이야기이다. 이렇게 농악, 옛 문화에 빠져 사니까 내가 구두방을 말아먹을 수 밖에 없었다.

2.6. 한국민속촌에 입촌하여

1974년 한국민속촌이 처음 개장했을 때는 지금보다 야외공연장이 훨씬 더 커서 연날리기 대회·화상놀이·양주별산대 등 다양한 공연과 대회 등이 열리고, 실내공연장도 꽤 잘 지어 놓았었지만 공연물이 그리 많지는 않았다.

공연과 대회가 많았지만 그래도 민속촌과 가장 잘 어울리는 게 농악이라고 생각들을 했는데 그 중 '전주농림고등학교 농악부'가 주목을 받았다. 이를 계기로 전년도 졸업생 1/3, 금년도 졸업생 1/3, 졸업예정자 1/3로 구성된 '전주농고 농악부'가 1974년 9월 1일 창단대회를 했고 나는 민속촌 농악단 책임을 맡게 되었다. 그리고 1974년 10월 3일이 민속촌 입촌 예정이었으나, 어떤 이유인지 송순갑·박염 등이 합류한 남사당패가 민속촌에 이미 와 있어 입촌이 어려웠다.

그러다가 1974년 11월 5일 남사당패가 떠나고 전주농고 농악부가 입촌하여 11월 6일부터 민속촌에서 농악을 공연하게 되었다. 회사에서 마련해 준 숙소가 있었지만 단원들이 월세를 내면서 생활을 하다가, 현재의 가건물을 회사에서 숙소로 지어주어 단원들의 거처가 마련되었다.

초창기에 농악단 단장은 과장급 대우를 받았으며 월급이 4만원 정도였다. 단원들 월급은 처음에는 같았지만 이후 근속 년수에 따라 차이가 나기 시작했다. 민속촌 농악단 37기수의 역사를 채

1974년 11월에 촬영, 한국민속촌 농악단 최초 단원 총31명이 모두 모여 있다. 당시 관아 선덕당자리에서 촬영.(현재 선덕당은 사라짐.)
서있는 사람 왼쪽부터, ○○○, 정재식, ○○○, 조형주, 손병우, 박창규, 최○○, 태재웅, 김동곤, 정인삼, ○○○, 유인식, 양○○, 전덕윤, ○○○, 강효상, ○○○, ○○○, ○○○, 이흥우
앉은 사람 왼쪽부터, 허영욱, 김청남, 김용춘, ○○○, 주공로, 박종석, 양인모, 이영환, 송규민, ○○○, 최기우.
1973년 졸업자, 1974년 졸업자, 1975년 졸업예정자로 단원이 구성되었다.

운 정식 단원은 300여명 정도 되지만, 거쳐 간 사람은 3,000여명 된다.

전국을 돌아다니면서 가르친 학생 중에 좋은 인연이 닿은 제자들은 민속촌 단원이 되었고, 그 제자들이 민속촌에서 호남우도농악을 공연 했다. 하지만 각지의 학교 학생들이 출신 지역에서 배운 고유한 맛을 잃지 않아야 하기 때문에 호남우도농악 지역이 아닌 학생들은 채상소고와 장구놀이 위주로 배우고 공연을 하도록 했다. 쇠가락을 배우면 원래의 가락을 잃어버릴 수도 있지만, 채상소고와 장구는 언제든지 쇠가락만 있으면 원래의 가락으로 찾아갈 수 있기 때문이다. 그래서 민속촌을 거쳐 간 단원은 호남우도농악

상) 1974년. 민속촌농악단
으로 함께 모여서 연습하
던 모습이다.

하) 1978년의 한국민속촌
농악단 단원들. 중앙 상쇠
정인삼.

과 자기출신 지역 농악을 모두 겸할 수 있었다.

시간이 갈수록 대회와 공연으로 인하여 농악은 시간적, 공간
적으로 많은 변형과 축소가 이루어져 본래의 농악의 모습을 찾기
란 어려운 형편이었다. 이렇게 사그러져 가는 농악의 모습이 안타
까웠던 나는 1982년 민속촌 농악단과 호남우도 명인들이 함께하는

2010년 11월 현재, 한국민속촌 농악단 단원으로 활동하고 있는 단원들의 모습. 11월 6일이 한국민속촌 농악단 생일이므로, 매년 11월에 단원들의 모습을 사진에 담고 있다.
앉은 사람 왼쪽부터, 권낙경, 공한주, 정종현(부단장), 정인삼(명예단장), 김홍수(단장), 황두환,
서있는 사람 왼쪽부터, 심현수, 이홍진, 안형국, 김성혁, 황승환, 백남희, 김우석, 우창현, 한만수, 정영빈,
김상환, 전명완, 김인식, 안태호, 양한.

『전라우도농악 완판 발표』를 민속촌에서 장장 3일에 걸쳐 진행하였다.

　이미 그 이전인 1977년과 1980년에 여러 농악의 명인들을 모시고 우도농악발표회를 실시한 적이 있는 바, 그 여러 선생님들에게 농악을 좀 더 깊이 있게 배우고 다듬으면서 민속촌 농악단의 특색을 완성하기 위한 새로운 시도를 하고 싶었다. 그리하여 1982년 6월 19일부터 21일까지 총 3일에 걸쳐서 『전라우도농악』공연이라는 이름을 걸고 우도농악의 완판을 공연하는 자리를 마련하게 되었다.

　당시 활발한 활동을 전개하고 있던 박남식, 전사종, 김성락, 신기남, 김병섭, 이명식, 이동원, 황재기, 백남윤, 이방원, 김용업, 김

全羅右道農樂

1982년 6월 19일(토요일) 민 속 촌
6월 20일(일요일) 민 속 촌
6월 21일(월요일) 국립극장 놀이마당

한국국악협회 농악분과위원회
한 국 민 속 촌

일시	공연장소	공연시간	공연내용				
6월 19일	민속촌 (잔디공연장)	오후 1시 오후 5시	(1) 마당밟이 [메굿] (2) 들당산굿 굿머리 점호굿 삼진삼퇴 일자역진 들당산 (3) 문 굿 열자진 일자진 갈림진 들당산	바꿈진 가세진 콩동지기 이랫새 팀색자채 개문진 쌍빗올진 문어송굿 열모심굿 (4) 우물굿 (5) 당산굿 짝다드레기 오방풀이 세산조시	(6) 마당밟이 (고사굿) 마당굿 고사소리 성주풀이 살푸리 액맥이 노적타령 떡타령 나꿀타령 나락타령 조왕굿 철용굿 곡간굿		
6월 20일	민속촌 (잔디공연장)	오전 11시 오후 3시	(7) 판 굿 점호굿 오채질굿 좌질굿 열자진 양산도 오방진 안달달 굿거리 짝다드레기 까치걸음 호호굿 자진호호굿	떡음살이 가세치기 미지기 일광놀이 소리굿 개인놀이 수원로농악인의 개인놀이 (8) 동네문굿 매사낭굿 도둑잽이 펜나발사근굿	지화밟이 승천굿 파송굿 달복굿 (9) 등장굿 들머리통장 재념기통장 삼채통장 개화굿		
6월 21일	국립극장 놀이마당	오후 4시 오후 6시	(7) 판 굿				

행사문의: 수원 · 8 - 2107~8 민속과
서울 · 28 - 6176 기획과
서울 · 724 - 7908 농악분과위원회

1982.06.19~21. 민속촌 농악단과 우도농악 명인들의 '전라우도농악' 완판 발표회 팜플렛 앞면과 뒷면

성수, 이영삼, 이정범, 서남기 등의 호남우도농악 명인들이 공연에 참여해 주시기로 했었다. 그러나 상황이 여의치 못하여 결국 박남식, 김성락, 신기남, 김용업, 이동원, 황재기 어르신들만이 참여하게 되었다.

1982년 이후 여건이 마련되지 않아, 농악완판공연을 지속적으로 하지는 못했지만, 이러한 나의 노력이 농악의 전통적 계승과 더불어 보존에 큰 기여를 했다고 생각한다. 『전라우도농악』완판 공연을 계기로 민속촌 농악단의 우도농악을 다듬고 보완하여 1983년 전주대사습놀이에서 민속촌 농악단이 장원을 수상하였다.

상좌) 1990년에 한국민속
촌에서. 당시는 50대에는
전국을 돌아다니면서 활동
하다보니 너무 힘이들어
서 얼굴에 힘든 모습이 역
력하다. 하지만 농악을 하
는 그 자체만으로도 흥에
겨워서 또한 그 흥으로 활
동하던 때였다.

상우) 1983년, 전주대사습
놀이, 농악부분 장원상 수
상.
우도농악의 전통을 올곧게
지키고자 한 민속촌농악단
의 노력이 전주대사습놀이
에서 농악부분 장원이라는
수상을 통해서 그 결실을
맺게 되었다.

하) 1976년에 한일합작 공
연작으로 만든 심청전 작
업에 참여한 관계자들과
일본에서.
중앙의 김희갑과 최은희
등의 인물이 확인되며 뒷
줄 우측 두번째가 정인삼.

    이처럼 민속촌 농악단 단장으로서 민속촌농악단의 공연을 열
심히 했을 뿐만 아니라 끊임없이 제자들을 지도하기도 하면서 민
속촌 농악단을 이끄는 책임자로써 막중한 임무를 다하고자 했다.
    전통공연의 복원 뿐아니라 전통공연의 해외 진출에도 많은 관
심이 있었는데, 그 과심의 첫 결실이 1967년 한일합작으로 만든

상쇠로 민속촌 농악단 공연을 이끌고 있는 정인삼 선생.

관중들의 흥을 돋우기 위해 부포놀이의 멋진 장면을 연출하고 있는 정인삼 선생.

정인삼 선생의 50대 중반에 한국민속촌에서 열심히 활동하던 때의 모습.

정인삼 선생은 민속촌 농악단의 공연 중 관중들의 호응을 이끌어 내는데 탁월한 능력이 있다.

60대 전후 한국민속촌에서 여러 제자들과 함께 소고춤을 연습하고 있는 정인삼 선생.

심청전 공연이었다.

　1980년대 중반부터 아시안 게임과 올림픽 등의 시기에 주요한 대규모 공연의 연출을 맡게 되면서 해외로의 공연길이 열리게 되었다. 처음 해외 공연을 떠나게 된 것은 1986년에 있었던 유럽 5개국 순회 공연이다. 한국대표 공연단으로서 이태리, 스페인, 프랑스 등 유럽 5개국의 페스티벌에 참여하는 50일간의 공연일정이었다. 이 순회공연 일정의 마지막은 바로 유럽 페스티벌의 발상지인 프랑스의 콩푸렝 마을이었다.

　또한 1988년에는 일본의 오란다촌에서 해외 민속연희단을 초청하였던 때에 민속촌 농악단이 그 대표팀

1986년 유럽 순회공연 당시 프랑스 콩푸렝에서 공연 중인 정인삼.
외국인 관객들 눈에 잘 띄기 위해 일부러 초록색 조끼에 금박까지 입혔다.

으로 초청되어서 약 20일 동안 체류한 적이 있다. 여기에는 우리나라뿐만 아니라 아시아나 태평양의 섬나라 등의 다양한 나라의 민속공연단 팀이 초청되어서 체류하면서 자신들의 민속공연을 보여주고 있었다. 이곳에서 나는 우리나라의 민속공연인 농악이 다른 나라의 민속공연과 비교했을 때 특징적인 부분이 있는 점을 발견하게 되었다. 이 외에도 미국 캘리포니아에는 〈양반전〉으로 초청되어 공연을 가는 등 많은 해외 공연활동이 문화에 대한 나의 시야를 넓혀주었다.

좌) 1988년 외국공연 – 일본 오란다촌 방문 공연기념을 위해 말레이시아 공연단원과 함께 찍은 사진

우상) 1988년 외국공연 – 일본 오란다촌 방문 공연기념을 위해 타히티 공연단과 찍은 사진

우중) 1988년 외국공연 – 1988년 유럽 페스티벌 초청 공연 때에 외국의 참가팀 여성과 함께 기념촬영한 것이다.

우하) 1990년 해외공연– 1990년 프랑스 쌩뜨 페스티벌 참가 기념사진으로 가야금 병창 강○○, 피리, 가야금 등의 연주자들과 함께 촬영한 것이다.

　　이러한 나의 새로운 발견은 이후에 수차례 진행된 해외공연을 통해서 더욱 확고해져 갔고, 결국 우리농악이 가지는 세계적인 특징에 대해서 발견하게 되었다. 그것은 바로 많은 사람들이 함께 동시에 연행할 수 있으며, 누구라도 함께 즐길 수 있는 가장 대규모의 예술형태라는 점과 또한 그 연행에 있어서의 기술적인 면과 예

술적인 아름다움은 그 어떤 예술도 따라오기 어렵다는 사실이었
다. 그리고 나는 이 아름답고도 자랑스러운 것을 위해 전력하자고
다짐했다.

　　이러한 해외 공연을 통한 우리 민속예술의 발견이 또 한 번 의
미있게 펼칠 수 있는 기회를 만난 것이 바로 해외에 있는 동포들
을 위한 공연에 참가하게 된 것이다. 내가 하고 있는 일이 나를 즐
겁게 할 뿐만 아니라 내가 하는 일을 기억하고 있는 사람들과 그리
워하고 있는 사람들을 만날 수 있는 기회가 마련된 것이었다. 나는
사할린 등에 흩어져 있는 우리 동포들을 위한 위문공연에 공연자

좌) 1990년 제1회 사할린 동포위문공연에서 이길주, 이매방, 오화진, 정인삼.

우) 1991년 제2회 사할린 동포위문공연. 사할린공설운동장인데 뒤쪽의 북한 평양예술단이 사진 찍기를 꺼려하여 옆에서 살짝 촬영하였다.

로 참가하게 되면서 내가 하는 춤과 농악을 더욱 기쁘게 감사하게 되었다.

또한 이러한 해외활동을 통해서 여러 문화예술인들과 만나게 된 것 또한 인생에 있어서 큰 즐거움 중의 하나였다. 함께 먼 길을 왕래하면서 한국의 민속예술 분야에 종사하는 수 많은 예인들과 만나게 되면서 나 또한 즐거운 여행의 길을 만끽할 수 있었다. 더불어서 해외에서 만나게 되는 북한의 동포예술인들과의 만남 또한 특별한 경험 중의 하나였다. 그들과 많은 말을 주고 받지는 못했지만 한 무대에 함께 땀을 흘리고 공연하면서 새삼스럽게 우리의 민속예술의 하나됨을 확인할 수 있었기에 값진 경험으로 내 인생에 남아 있다.

한국 민속촌 농악단 단장으로 해외공연도 뜻깊고 즐거웠지만, 민속촌에 있으면서 즐길 수 있는 중요한 기쁨 중의 하나는 민속촌

1994년에 금산농악단과 함께 일본의 구마모도도현에서 주최하는 초청공연에 참가한 적이 있다. 당시 공연 후에 참가했던 저녁 리셉션에 참가하여 후한 대접을 받았다.

에서 벌어진 다양한 공연과 전통의 소재들을 늘 가까이서 관찰할 수 있다는 점이다. 특히 가장 기억에 남는 공연 중의 하나는 1976년에 있었던 이지산 선생의 서울굿이었다. 1976년 서울굿 연행자 중에 이름이 난 이지산 선생이 한국민속촌에서 굿을 한 적이 있는데, 한 여름에 비가 너무 내리지 않자 기우제 차원에서 굿을 하게된 것이었다. 당시 서울굿을 보면서 삼현육각을 잡히고 굿을 하는 모습이 너무 화려하고 아름다워 보였다. 그 이전에는 전라도 지역의 굿만 알던 내게 서울굿은 매우 강렬하게 다가왔다. 그래서 얼른 나가서 공수를 받고 있으니 누군가가 내 모습을 사진 찍어서 그 모습을 간직하게 되었다.

또한 민속촌에 머물고 있는 여러 민속예능인들과의 직접적인 만남이었다. 엿장수를 하던 분께는 저 시골의 시장통을 누비면서 맛깔나게 불러대던 엿불림도 배울 수 있었고, 갓을 짜는 이들에게

좌) 한국민속촌 기능장인 문일웅씨의 부친과 김재기씨의 부친.
이분들도 1970년대말 한국민속촌에서 기능인으로 활동했으며 사진은 1979년.

우상) 이지산의 서울굿에서 공수를 받고 있는 정인삼.
뒤에 상모를 쓰고 있는 사람은 민속촌 농악단 초창기 멤버인 김수강씨.

우하) 2002년 월드컵 시작하는 날, KBS 〈6시 내고향〉 생방송 공연을 마치고 담당 MC 김형걸·오유경과 함께.

는 갓을 짜는 과정과 일의 순서에 대해서도 일일이 배울 수 있는 소중한 시간이었다.

　　이러한 활동들을 진행하면서 새삼 내가 챙기고 정리해야 할 것은 바로 우리의 민속예술을 만들어낸 사람들, 그리고 지켜낸 사람들이 역사 속으로 사라져 가는 것을 되살리는 것이라고 생각했

다. 그리하여 사라져간 국악 명인들에 대한 그리움이 새삼스럽고 그 분들에 대한 예의를 갖추고자 하여 3년에 한 번씩 '농악명인 추모제'라는 특별한 행사를 마련했다.

　　내가 민속의 현장에서 만났던 어른들, 일명 명인이라고 이름을 붙일 수 있거나 그렇지 않거나 현장을 지키면서 꿋꿋하게 자신들의 인생을 걸어왔던 선배 예술인들에 대한 마음을 담아서 마련한 추모제였다.

　　이 추모제는 1985년에 처음으로 치렀는데, 이때는 돌아가신 농악명인들만을 기념하는 추모제 형터로 진행하였다. 당시 제1회 추모제는 황재기 선생님이 주관하시고, 김봉렬, 김오채, 전사종,

1985년 제1회 농악명인추모제.
사진 속의 인물들은 좌측부터 김봉렬(전북 진앙 증평농악), 김오채(광주농악), 전사종(정읍농악 상쇠), 김병섭, ○○○, 이명식, 이영상, 송순갑(대전농악 상쇠), 이계현(대전농악) 등이다.

김병섭, 이명식, 황규식, 이영상, 송순갑, 이계현 등의 선생님들이 참여해서 그 추모의 마음을 함께 했다.

이렇게 1985년에 시작한 농악명인 추모제는 차츰 춤의 명인들까지 확대하여 정형인, 박금슬, 이동안, 정경파 등 국악명인 약 80명을 모시는 제사 형태로 3년에 한 번씩 한국민속촌의 자리를 빌어서 치르고 있다.

이러한 나의 노력은 앞으로도 지속될 것이며, 농악과 춤을 비롯한 우리 문화가 더 많은 사람들에게 사랑받고 더욱더 소중한 민속예술로 인정받을 때까지 계속될 것이다.

1985년 제1회 농악명인추모제.
사진 속의 인물들로 왼쪽부터 김형순(이리농악), 김봉렬, 김오채, 전사종, 황규식(김천농악), 이명식, 송순갑, ○○○, 이영상, 정인삼 등이 보인다.

　　그리고 이러한 명인들의 발굴과 그들의 삶을 더 환하게 조명해 줄 수 있는 계기를 마련하기 위해서 '농악명인전'이라는 특별한 경연대회 형태의 명인발굴 작업을 시작하였다. 이는 앞에서 만났던 나의 스승들이 이름조차 제대로 남기지 못하고 사라져갔던 것이 그저 안타깝다는 마음에서, 그저 한 지역의 인물로만 머무는 것이 아니라 예술인으로서 인정받을 수 있는 조그마한 기회를 제공하기 위한 마음에서 시작된 것이었다.

　　그리하여 1996년에 제1회 농악명인전을 서울 잠실에 있는 서울놀이마당에서 가지면서 각 지역의 농악을 함께 즐기고, 명인들의

1996년 제1회 농악명인전, 서울놀이마당에서 제자들과 함께.

1997년 제2회 농악명인전, 잠실놀이마당 (문화재보호재단 주최)
심우성·이보형을 비롯한 심사위원들과 수상자·참가자들과 함께.

장기를 한 자리에서 즐기는 호사가 마련되었다. 이제 농악명인전은 한국민속촌에서 매년 진행되고 있으며, 학생부와 명인부로 나뉘어서 오랫 동안 자신들이 걸어 온 길을 동료 농악인들 앞에서 펼칠 수 있는 기회로 나아가고 있다.

2.7. 학생들의 농악지도와 전국의 민속예술을 찾아서

나는 여러 지역의 농악·민속문화를 접하게 되면서 '진정한 문화는 단절되지 않고 생활 속에 남아 있어야 한다'는 생각이 점점 강하게 자리 잡았다. 그리고 생활 속에 우리의 문화를 남기기 위해서 두 가지의 길이 필요하다는 것을 깨달았다. 그 하나는 젊고 발랄한 고등학생이 우리의 것을 알고 익히게 하는 것이었으며, 다른 하나는 각 지역의 민속예술을 발굴해야 하는 것이었다.

내가 생각하기에 우리나라 모든 민속의 기본은 '농악'이라는 생각이 깊었다. 그래서 먼저 전국의 학교를 찾아다니면서 학생들을 가르치기로 했다. 본격적으로 학생들을 대상으로 교육을 시작한 것은 아마도 고창에서 무용학원을 하던 시절일 것이다. 당시 나는 구두방을 하다가 사업을 실패하고 고창에서 무용학원을 하며 약 1년간 지낸 적이 있었는데, 그때 고창에서 세 곳의 학교를 찾아다니면서 농악단 교육을 시작했었다. 고창여중고, 삼인국민학고, 고창국민학교 등 세 개 학교에서 농악단을 가르쳤다. 특히 고창여중고 선생님이 농악단 교육에 큰 관심을 가지고 나에게 농악단을 가르쳐 주기를 청해서 나는 즐겁게 응했다. 그러한 즐거움 때문에 고창에서는 어떠한 수고비도 받지 않고 학생들에게 농악을 가르쳤다.

가르치는 것 그 자체만으로 너무도 즐거웠다.

　마음은 즐거웠지만, 농악을 가르치러 다니는 일이 그렇게 쉬운 일 만은 아니었다. 당시 무용학원이 번성해서 돈벌이가 좋은 것은 아니었기 때문에, 버스 타고 다니는 것도 힘들었다. 흩어져 있는 학교들을 찾아다니다 보니 어느새 고창읍내버스의 차장과 친한사이가 되어서 서로 형아우하는 사이로 지냈고, 그 동생이 도마리(막차)로 고창읍내에서 잠을 자야할 때에는 내 방에서 함께 잠을 자기도 했다.

　그렇게 학생들을 가르치기 시작한 나는 한국민속촌에 입단한 이후에 본격적인 학생들을 대상으로 하는 농악교육을 시작했고, 특히 1980년대부터 20여 년(40대~50대) 동안 전주농고 외에 김천농고·청주농고·광주농고·고흥농고·금산농고·공주농고·유성농고·연산상고·서산농고·보령주산상고·원주농고·경기 광주산고 등을 순회하면서 학생들을 지도하는데 전념하였다.

　이처럼 특별히 고등학교 중심으로 학생들을 찾아다니면서 가르친 것은 다름 아닌 어린 학생들에게 우리 민속문화를 가르치기 위해서였다. 초등학생이나 중학생들을 대상으로 가르치는 것은 여건상 어려움이 있었다. 가장 큰 어려움은 내가 한국민속촌에 몸이 묶여 있으므로 많은 시간을 할애 할 수 없는 현실적인 것이었다. 이러한 사정을 감안해서 아직 성인으로 자란 것은 아니지만 우리 문화에 대해서 이해도가 빠르면서 습득하는 시간도 빠른 고등학생들을 가르치기로 한 것이다. 이는 더 많은 학생들을 가르치기 위해서 불가피하게 선택한 현실이었다.

　그러나 고등학생들 이외에도 경찰대학교나 육군사관학교 등

1971년 고창여중고 농악단 교육시절, 농악단 학생들과 지도 선생님과 함께. 흰색잠바 정인삼

1971년 고창 삼인국민학교 농악단 교육시절에 학생들과 교장선생님, 지도 선생님들과 함께, 흰색잠바 정인삼.

1971년, 고창국민학교 농악단 교육시절에 고창초등학교 농악단 학생들과 교장선생님, 지도선생님과 함께. 맨 왼쪽 양복 정인삼.
당시 고창국민학교의 교장선생님은 상록수 선생님(명예직 교장)이셨다. 선생님이 특히 학생들에게 농악 가르치기에 열성적이셔서, 농악단원도 많았고 학생들도 열정적으로 농악을 배웠다.

나의 가르침을 꼭 필요로 하는 현장이 있다면 언제라도 달려갔다. 이는 한국민속촌 단장으로 활동함으로써 찾아 온 기회이였기 때문에 나는 이 기회를 더욱 더 적극적으로 활용하고자 했다. 그래서 나라의 주요한 곳에서 임무를 맡게 될 경찰대학교와 육군사관학교 학생들을 가르치는 것은 전통과 민속의 중요성에 대해서 가르치는 그 어떤 시간보다도 더 의미있게 여겼다. 그리하여 학교를 졸업하고 군대와 경찰서 등의 현장으로 배치될 때 그 곳에서 우리의 전통에 대해서 좀 더 널리 펼칠 수 있기를 기대했다.

1977.10.28. 순천농업전문대학교 농악부 학생들과 함께. (모자쓰고 두 손을 맞잡은 사람이 정인삼 선생)
당시 순천농업전문대학교에 출강하시던 김재기 교수님이 농업전문대학교의 특성상 농악을 반드시 배
워야 한다는 취지를 갖고 나에게 농악을 가르치기를 청해왔다. 마침 내 맏제자인 윤남상이 순천농전에
입학한 것을 계기로 농악을 가르치기 시작했다.

　　학생들을 가르치면서 우리나라 전역의 농악을 접할 수 있었
고, 민속촌 단원 영입에도 보탬이 되었다. 배우는 학생들이 농악을
열심히 익히고 농악에 대해 자부심을 갖는 데는 대회에서 상을 받
는 것이 가장 효과적이어서, 지도한 학생들을 대회에 많이 내보내
게 되었다. 대회에서 상을 수상하면 농악에 대해 적극적이지 않았
던 교사와 학부모의 마음을 돌릴 수 있었고, 학생들이 속한 각 지
역의 농악이 지원과 관심을 갖고 유지가 되었기에 학생농악경연대
회에 여러모로 참가하였다.

상) 1977년, 육군사관학교 민예부 농악지도 당시 학생들과 함께. (좌우)

하) 1997년, 국립경찰대학교 농악부 하계수련, 앞줄에 모자를 쓰고 있는 정인삼 선생.

이처럼 학생들을 가르치며 그 가르침이 결실을 맺는 과정을 지켜보는 것은 매우 기쁜 일이었다. 그렇게 나를 거쳐간 제자들이 전국에 자기들의 자리를 잡으면서 튼튼한 우리 민속예술의 밑거름이

되고 있는 것은 나의 자랑거리 중의 하나라고 할 수 있다.

　　그리고 학생 가르치기와 더불어서 내가 할 수 있으면서 꼭 해야 하는 일 중의 하나가 바로 전국에 있는 민속예술의 명인들을 찾아내는 것이었다. 농악명인전이라는 것을 통해서 특별히 농악부문에 있어서 명인들을 찾아내는 작업을 시작했지만 이것만으로 만족하지 않고 전국을 다니면서 민속예술의 뿌리를 찾기 위해서 노력했다.

　　그리하여 전국에서 진행되고 있는 민속예술경연대회에 버금가는 여러 경연대회에 출전하신 분들을 찾아가서 직접 만난다거나, 이미 지역에서 이름을 얻은 어른들은 한국민속촌으로 초청해서 직접 공연하실 수 있는 기회를 제공하기도 하였다. 이들 명인들을 찾아다닌 것은 마치 미술계에서 고고유물을 발굴하는 것과 같아서 시골 깊은 골짜기라도 명인이 있다면 그 어느 곳도 마다하지 않았다. 명인과의 만남이 꼭 농악 명인만 포함되는 것은 아니었다. 춤과 노래, 농악이며, 무속의 명인들까지 전국 각지의 수 많은 명인들이 나의 삶에 새로운 에너지를 제공해 주었다.

　　또한 현장에서 만난 여러 어르신들을 보살피는 것 또한 내 몫으로 여겼다. 특히 비나리의 명인이었던 서울의 김복섭 선생님을 돕기 위한 공연을 전개한 것은 지금 생각해도 너무나 잘 한 것으로 생각된다. 그나마 오랫 동안 진행하지 못하고 선생님 생전에 약 3회 정도 매년 1년에 한 차례씩 형편이 어려운 선생님을 돕기 위한 공연을 열었다. 당시 내 제자였던 임홍수와 소리로 밥을 먹고 살던 장사익이 주도적으로 준비하고, 진옥섭이 연출을 담당했다.

　　이렇게 만난 그 어른들에게서 나는 우리의 오랜 전통으로 지

전대사습놀이 출전팀 사진
2006년 전주대사습놀이
제24회 학생전국대회에 출
전한 서울 국악예술고등학
교(웃다리농악) 학생들 (농
악부문 장원인 국무총리상
수상)

켜져온 농악의 면면들을 얻어듣고 경험하면서, 내가 할 수 있는 전
통의 올곧은 지킴이 활동에 대해서 다시 한 번 다짐했다. 이러한
일련의 작업들은 그들이 살아갈 수 있는 기반을 조금이나마 단단
하게 다져서 우리들의 오늘이 선조들의 과거와 함께 후대에까지 온
전히 전해지기를 간절히 바라는 그 마음을 그대로 옮긴 것이었다.

2.8. 전국민속예술경연대회 지도와 연출, 심사위원 활동

전국에 고등학교를 돌아다니면서 학생들 농악을 지도하고, 전
국을 찾아다니면서 우리 민속에 대해서 발굴하는 작업을 계속한

농악부문 장원인 국무총리
상 수상을 기념하여 국악
예술고등학교 농악부 학생
들과 함께 사진을 찍었다.

지 20여 년이 지나자 우리나라 민속문화와 농악에 대해 새로운 길
들이 열렸다. 1958년에 시작한 '전국민속예술경연대회'가 그것이
다. 대회에 처음 직접 관여한 것은 1969년의 제10회 전라북도 함
열 농기뺏기를 연출한 것이다. 1970년에는 이화여대 최상수 선생
이 자료를 주어서 맡게 된 남원용마놀이를 연출했고, 진주농고 농
악부를 지도하기도 했다.

  그러다가 1985년에 연출한 이천 거북놀이가 문공부장관상을
수상하게 되면서 민속예술경연대회 연출을 본격적으로 하게 되었
다. 1986년 강화 용두레질 노래를 연출할 때는 현장의 역동성을

1976년 전국민속예술경연대회(제17회, 경남 진주)에서 만난 서도소리의 명인 김정년 선생님과 함께 촬영한 것이다. 당시 선생님은 〈배따라기〉로 참가하셨던 것으로 기억된다. 강령탈춤의 탈꾼 김정순(좌)과 김재인(우)등이 함께 했다.

충북 괴산농악의 소구잽이. 충북농악의 특징인 돌모를 머리 뒤로 쓰고 있는 모습을 확실하게 보여주고 있는 사진이다.

1970년대, 서울에 거주하던 농악인들이 함께 모여서 동호회를 만드는 분위기가 최초로 시작되었다. 왼쪽 사진에 전사섭(안경), 김병섭(서 있는 분) 선생님이 눈에 띄고, 오른쪽 사진에 전사종(안경, 흰옷), 김병섭(중앙), 이성진(뒤쪽 안경) 등이 있다. 이성진은 이생강의 동생으로 호적을 아주 잘 불렀으나, 일찍 작고한 아까운 인물로 알려져 있다.
이 시기에 이르러서 최초로 삼동거리의 복색을 맞추어 입고 공연했다.

위해 쌍피리도 불고 물을 퍼 올리기 위해 논 세 턱(세 계단)등을 준비했는데, 이런 내용을 반대하는 문화원장의 고집과 이러한 연출을 독려하는 강화군수 사이에서 갈등이 심했다. 하지만 결국 연출내용이 수락되어 대통령상을 수상하였다.

　　다양한 지역의 민속문화를 대회에 출전하기 위한 연출을 시도하면서 기억에 크게 남는 것들이 몇 가지 있다. 1991년 금산 물페기농요를 연출할 때는 동작은 남아있는 것이 별로 없고 농요만 남아있는 상황이라서 연출하기가 무척 어려웠지만, 남아있는 농요를 적극적으로 활용하여 국무총리상을 수상한 것이 감격스러웠다.

1983년 5월 8일, 밀양 백중놀이, 하보경 어르신과 함께 (민속촌 공연장), 왼쪽은 방승환이다.

1999년 음력 정월 대보름, 원주 매지리농악 마지막 분들과 함께.

한국민속촌에 경기도 도당굿을 공연하러 온 오수복 선생님과 이애주 선생과 함께.

한국민속촌에 경기도 도당굿을 공연하러 온 오수복 선생님과 함께

2005년, 한국민속촌 농악단 합숙소에 방문한 장금도 선생님앞줄의 송미숙, 장금도, 정인삼, 뒷줄의 양한, 허진광.

1992년, 두레극장, 고 김복섭 선생 돕기 공연 후 뒤풀이에서 소고춤을 추고 있는 정인삼

제11회 전국민속예술경연
대회 (1970년, 광주)
전주농고생들이 남원 용마
놀이로 전북팀 대표로 출
전하였고 정인삼이 지도·
연출하였다.

1993년 충남 결성농요를 연출하기 위해 갔을 때는 동네 분들 한
분 한 분이 농요의 대가들이었을 뿐 아니라, 다들 너무 적극적이어
서 연습시간이 꿈결같이 즐겁고 재미있었다. 결국 그 흥취와 단합
이 대통령상 수상이라는 결실을 맺었다.

1994년 대전 부사칠성(칠석)놀이는 부용과 사득에 관한 설화와
부사샘이라는 유적지만 남아 있어서 이것을 놀이로 재연하기가 무
척 어려웠지만 최선을 다한 마을 분들 덕에 대통령상을 수상하게
되었다. 2003년 대전 서정(문창동) 엿장수놀이를 연출할 때는 내가
민속촌에서 엿 불리는 할아버지께 배운 소리가 도움이 많이 되었
던 기억이 난다.

민속예술경연대회 외에 1986년 아시안 게임 오프닝 행사로 한
'고싸움놀이'도 연출을 맡았고, 1988년 올림픽 폐막식 때 리본체조
와 상모놀이를 가지고 '우정'이라는 제목의 공연을 연출하기도 했다.

내가 민속예술경연대회를 연출하면서 많은 상을 받았는데, 나는 민속문화가 생활 속에 살아 숨쉴 수 있게 남으려면 상을 받아서 보존해야 한다는 생각이 컸기 때문에 연출을 맡은 지역과 부분에 대해 최선을 다한다. 그리고 대회 출전을 위해 애쓴 공무원이나 담당교사 등이 적당한 보상을 받아야 하는데 이것도 좋은 상을 받아야 가능하기 때문에 나는 남들보다 노력을 많이 했다고 생각한다.

하지만 노력과 최선을 다하기 위해서 내가 가진 원칙이 물론 존재하는데 크게 세 가지 정도이다. 가장 중요한 것은, 지역 주민의 고증을 토대로 한다는 것이다. 지역 주민들이 '아니요, 우리 동네에는 절대로 그런 거 없었습니다' 라는 부분은 절대로 넣을 수 없는 것이다. 그리고 이 지역만의 다르고 특수한 것을 발굴하기 위해 그 주변 지역을 많이 살피고 조사하는 편이다. 주변 지역을 많이 살피면 어떤 문화·놀이라도 10%만 살아있다면 나머지 90%는 복원할 수 있으며, 이것이 연출이라고 생각한다.

마지막으로 대회는 20분 안에 동연을 하는 것인데, 시대와 공간을 초월해서 보는 사람과 심사위원들이 '아, 옛날에 저렇게 했었지' '맞아, 저런 것도 있었지' 하고 옛 시대를 추억하고 공감할 수 있는 부분이 있어야 하며, 연출자·출연자·지역주민이 하나가 되는 일체감을 보여 주어야 한다. 내가 가진 이런 원칙들보다 더 우선시 되는 것은 지역주민들과 함께 하는 많은 연습인 것은 말할 필요도 없다.

〈전국민속예술경연대회 연출종목과 수상내역〉

1969년(제10회), 전라북도 함열농기뺏기, 공로상

1970년(제11회), 남원 용마놀이

1983년(제24회), 금산농악, 국무총리상

1985년(제26회), 이천 거북놀이, 문공부장관상

1986년(제27회), 강화 용두레질노래, 대통령상

1987년(제28회), 여주 쌍용거줄다리기, 대통령상·경기도 문화상(개인상)

1988년(제29회), 송포 호미걸이, 공로상숫

1989년(제30회), 금산 총각대방놀이, 문공부장관상

1990년(제31회), 서울 암사동 바위절마을호상놀이, 장려상

1991년(제32회), 금산 물페기농요, 국무총리상

　　　　　　　　서울 남이장군당굿, 공로상

1992년(제33회), 충남 부여 용정리호상놀이, 국무총리상

　　　　　　　　서울 장안골편사놀이, 장려상

1993년(제34회), 충남 결성농요, 대통령상

　　　　　　　　경기 왕곡동제, 공로상

1994년(제35회) 대전 부사칠성놀이, 대통령상

1995년(제36회) 경기도 광명농악, 국무총리상

　　　　　　　　대전 도안골옥녀봉기우제, 문화관광부 장관상

1996년(제37회) 대전 목상동들말두레놀이, 대통령상

1997년(제38회) 대전 바구니해싸움놀이, 문화관광부 장관상

1998년(제39회) 대전 버드내보쌈놀이, 문화부장관·입장상

2002년(제43회) 대전 계족산무제, 장려상

2003년(제44회) 대전 서정(문창동) 엿장수놀이, 문화관광부 장관상

상하) 1984년 9월, 충주, 제 25회 전국민속예술경연대회, 충북 청주 농악 출전기념 사진.

이렇게 발굴된 청주농악은 그 독창성을 인정받아서 1991년에 충청북도 무형문화재 제1호로 지정 받았다. 상쇠 이종환이 예능보유자로 지정되었다.

특히 청주농악에서는 여러 채굿의 변화가 다양하고 농악 가락이 빠르며, 진법이 발달된 특지이 있다. 더욱이 '돌모'를 머리 뒤로 쓰고 상모를 돌리는 것은 청주농악만의 독특한 면모이다.

내가 개인적으로 농악과 춤 등 민속예술 분야에 평생을 노력하다보니 특별한 활동 계기로 주어진 것 중의 또 다른 하나가 바로 각종 농악경연대회나 민속예술경연대회의 심사위원으로서 참가한 것이다. 전국민속예술경연대회(현 전국민속예술축제)를 비롯하여, 전주대사습놀이 등의 전국적인 민속대회를 비롯하여 각 지역의 여러 민속예술제에서 시행하고 있는 경연대회에 공인된 심사위원으로 참석하게 되었다.

내가 오랜 세월을 거치면서 노력했던 많은 활동들은 비단 나 자신만을 위한 것은 아니었다. 내가 즐겁게 하고 있는 있는 춤과 농악, 음악이 우리의 몸에 베인 것이어서 더 기쁘고 즐겁고, 우리의 몸에 흐르는 피를 더 뜨겁게 하고 있으니 이를 다른 사람들도 함께 나누기를 바라는 마음에서 시작한 것이었다. 그것이 한국민속촌 농악단 단장으로서의 역할이든, 전국의 학생들을 가르치는 것이건, 명인들을 발굴하는 작업이건 모두 한결같은 마음이었다.

그리고 그러한 나의 노력은 언젠가 국악대상이라는 시상으로 나에게 이름하나를 덧보태주었고다. 그리고 이러한 시상의 기회들을 만날 때마다 나는 나의 노력이 헛되거나 잘못된 것이 아님을 확인하게 되었고, 이제 앞으로 더 전진할 용기가 솟아올랐다.

3. 정인삼의 춤 반백년

3.1. 백도국악원과 전주농림고등학교 '농촌예술반'

전통음악이나 예술에 관심이 많았던 나는 전주에서 생활하면서 틈틈이 춤과 음악이 관련된 곳을 찾아다니면서 학습하고 싶었다. 그리하여 10대 중반에 찾아간 곳이 바로 백도국악원이었다. 이 국악원에서는 여러 선생님들이 전통음악과 무용 등의 다양한 것들을 가르쳐 주고 있었고, 나는 이 기회를 통해서 그 동안 호기심만으로 지켜보았던 우리 음악과 춤의 세계에 직접 빠져들게 되었다. 백도국악원 선생님들에게 지도받으면서 동시에 전주농림고등학교에서 본격적인 춤과 음악을 익힐수 있었다.

전주농림고등학교에는 1950년대 중반에 강영구 교장선생님께서 창설한 '농촌예술반'이 있었다. 이 특별반에는 정형인 강사 선생님이 '무용부'·'삼현부'·'창악부' 등 여러 부서를 열성적으로 운영하고 계셨다. 나는 이 농촌예술반의 일원으로서 적극적인 활동에 참여했다. 처음 농촌예술반이 생겼을 때는 일 년에 한 번씩 정기발표회를 갖고, 전라북도 각 시·군·읍·면 등을 돌아다니며 순회공연도 하고 각 분과별로 한 달에 한 번씩 정기적으로 월례회를 하는 등 활발한 활동을 하였으나, 후에 이들이 시들해지자 곧 '농악부'로 통합되면서 본격적인 농악활동이 전개되기 시작했다.

어느 때인가 강영구 교장선생님이 전주에서 있었던 국악공연을 보러 가셨을 때, 그 공연에 판소리 하는 김소희 선생님·춤추는 박귀희 선생님·이론하시는 손용배 선생님 등 여러 국악인들도 같

1990년, 제주, 제31회 전국
민속예술경연대회, 서울 암
사동 바우절 호상놀이, 연
출 정인삼. 장려상 수상.
'암사동 바우정 호상놀이'
는 1996년에 서울시 무형문
화재 제10호로 지정되었다.
바우절은 암사동의 옛이
름으로 특히 인근 경기도
지역 상여소리의 대표적
인 소리인 '방아타령'의 독
자적인 형태를 보이고 있
는 곳이다. 그리고 호상놀
이 과정 중 특히 쌍상여호
상놀이가 전승되는 특징이
있어 이를 바탕으로 특
별한 놀이들이 전개된다.

1992년, 청주 제33회 전국민속예술경연대회. 충남 용정리 호상놀이.
당시 충남 부여 용정리 팀의 호상놀이 작품을 연출했는데, 당시 부여 용정리의 상여소리 중에서 가장
특별한 짝수소리를 특징으로 삼아서 출전했다. 결국에는 국무총리상을 수상하게 되었고, 1997년에 충
남문화재로 지정되는 명예를 얻었다.
좌측의 현지주민, 건을 쓴 송건호, 맨 우측의 담당 공무원 오병직과 함께 촬영한 것이다

1996년, 제37회 전국민속예술경연대회에 출전하여 대통령상을 수상한 대전 목상동 들말 두레놀이의
연출에 참여한 정임상. 당시 수상 기념 인터뷰 장면임. 0 러한 경력을 계기로 목상동 들말 두레놀이의
가치를 인정받아서 2002년 대전광역시 무형문화 제13호로 지정되었다.

1999년 10월, 한밭문화제, 심사위원 참가 기념 사진.

1999년 10월, 한밭문화제, 심사위원 참가 기념 사진.

제45회 전국민속예술축제, 2004년, 부여.

2005년 전주대사습, 심사위원으로 참여한 분들과 함께.

2001년 1월 31일, 제18회 한국국악대상 시상식

2001년 1월 31일, 제18회 한국국악대상 시상식, 김진진과 함께

2001년 1월 31일, 제18회 한국국악대상 시상식, 왼쪽에서 두번째부터 최영길, 윤윤석, 서용석, 김진진, 정인삼.

2006년 1월 25일, 한국의 집, 제25회 한국국악대상 수상기념 사진.

2002년 6월, 들말두레놀이 전수관 기념비 착공 기념사진이 참석을 하였다. 강영구 교장선생님이 그 선생님들께 '우리 학교에 오셔서 저희 아이들에게 평가를 하고 용기를 주십시오'라는 부탁을 하셨다고 한다. 그래서 여러 국악인들이 전주농고를 방문하여 농촌예술반 학생들이 춤·삼현·소리를 하는 것을 보고 감격을 해서 가슴을 부여잡고 울었다는 이야기를 손용배 선생님께 들었다.

농촌예술반 학생들의 공연을 보고 난 후 박귀희 선생님께서 '그 학생들이 서울에 가서 공연을 했으면 좋겠는데 돈이 없으니까, 무슨 방직공장 사장님한테 부탁을 해서 그 사장님이 비용을 대기로 했다'고 주선하여, 농촌예술반 학생들이 시공관(현 명동예술극장)에서 공연을 하게 됐다. 그 공연에 함께 했던 금파 김조균(전주농고 졸업생·당시 1학년)은 공연 때 승무가 끝나고 모두 고깔을 벗었는데 학생들 머리가 다 빡빡머리여서 그랬는지 객석에서 '이건 학생이 아니고 전문가 집단이다'라고 하면서 환호와 박수갈채가 터져 나왔다고 회상한다. 김조균은 나중에 서라벌예대에서 무용을 전공하였다.

농촌예술반을 지도했던 정형인 선생님 말씀에 의하면 농촌예술반의 시공관 공연 내용이 기사로 나왔는지, 학교 공연팀이 경무대(현 청와대)에 가서 이승만 대통령 앞에서 삼현육각과 승무를 공연했다고 한다. 그 때 이승만 대통령이 승무를 가리켜 '이건 무슨 춤입니까?' 해서 정형인 선생님께서 '네, 이건 법무입니다'라고 대답하셨더니 대통령이 고개를 끄덕끄덕 하셨단다. 정형인 선생님은 승무가 전통과 문서가 있는 춤이라는 뜻에서 그런 대답을 하셨다고 한다.

농촌예술반의 경무대 공연을 본 이승만 대통령이 문교부장관을 불러서 '우리나라 학생들이 모두 삼현육각을 다 배웠으면 좋겠다고 발언한 게 신문에 크게 났다고 박귀희 선생님께서 기억하신다. 그 때 대금을 잘 불었던 최낙삼이라는 친구는 박귀희 선생님이 키우려고 데려갈 만큼 실력이 뛰어났다.

박귀희 선생님께서 정형인 선생님을 국악예술고등학교 선생님으로 모시려고 전주에 세 번이나 내려오셨었는데, 정형인 선생님은 전주 학생들을 가르치기 위해서 서울에 올라가지 않았다고 한다. 단소의 명인 전추산 선생님 말씀으로는(정형인 선생님이 전추산 선생님보다 나이가 조금 더 많았다), 정형인 선생님은 10년이 지나도 구음 순서가 변하지 않을 만큼 정확하고 숙련된 실력을 갖춘 분이셨다고 한다.

정자선 선생의 아들인 정형인 선생님은 춤이 중심이었지만, 피리·대금 등 악기를 전반적으로 잘 다루셨다. 부친인 정자선 선생님은 정읍의 마지막 권번에서 활동하셨고, 서울에서도 사람들이 춤을 배우러 내려올 정도로 이름난 인물이었다고 한다. 노동은 교수의 논문에 한성준이 정읍에 춤을 배우러 다녀왔다는 기록을 한 바 있는데, 그 선생이 누구였는지에 대해서는 정확하게 기록하고 있지 않지만 아마도 정형인 선생의 부친인 정자선 선생님인 것으로 여겨진다. 이러한 사실은 이매방 선생이 정형인 선생에게 춤을 배웠다고 직접 말씀하신 적이 있어서 이를 바꾸어 생각하면 한성준이 춤을 배우기 위해서 찾은 정읍의 춤선생이 정자선 선생이었을 것이라고 생각한다.

몇몇 어른들의 증언으로는 일제 강점기 때 최승희 선생이 직접 정형인 선생님의 명성을 듣고 만나뵙기를 청했으나 이에 선생님이 응하지 않았다고 한다. 그러자 결국에는 최승희 선생이 법원에서 출두명령을 받아서까지 만나게 되었고, 두 사람이 함께 무대에 올라서 북을 치고 춤을 췄다는 일화가 전한다. 나중에 들리는 말에 의하면 당시 두 사람의 춤을 본 사람들은 한결같이 '마치 귀신이 춤을 추는 것 같더라'고 했다고 한다.

또한 누군가의 말에 의하면 정형인 선생님의 집안은 백제 때부터 이어온 악공집안이라는 소문도 전한다고 한다.

나는 '농촌예술반' 활동을 하면서 정형인 선생님의 개인지도를 받은 유일한 제자라고 할 수 있다. 당시 특별한 연습실이 없어서 선생님은 전주의 백도국악원 근처 삼양식당의 방 하나를 빌어서 연습하거나, 또는 호성동 당신 집에 데리고 다니면서 춤을 가르쳐 주셨다. 이렇게 전주 농고 때부터 정형인 선생님께 약 10년 정도 삼현육각과 춤을 배웠니, 내 춤의 가장 기본인 소고춤과 '전주승무'는 이때 익힌 것이다.

언젠가 선생님이 당신 자제분을 따라서 서울에 올라가시면서 '나 밥만 먹여줘라. 그러면 여기 남아서 너에게 내 춤을 전부 가르쳐 주겠다'고 하시면서 애타는 눈빛으로 바라보시던 모습이 생각난다. 그러나 형편이 넉넉지 못했던 나는 선생님의 말씀에 응해드리지도 못하고, 그러면 '나를 따라서 함께 서울에라도 올라가자'던 선생님을 말씀을 따르지도 못했다. 그러다 결국에는 선생님과의 인연이 끊어지게 되었으니, 이 또한 생각하면 가슴이 먹먹할 뿐이다.

후에 알게 된 사실이지만 정형인 선생님과 나는 본관이 같았고, 더군다나 같은 항렬에 있는 사람이었다. 선생님 보시기에 항렬은 같지만 나이 어린 내가 춤과 음악을 열심히 배우려고 하니 얼마나 반갑고 애틋했을지 다시 되돌아볼 때마다 그 마음이 아리게 느껴진다.

그 시기 본격적으로 '농촌예술반'활동을 하면서 정형인 선생님에게 소고춤과 승무, 농삼현 피리를 배웠다. 그리고 호적시나위의 명인 방태진에게 호적시나위를, 단소 산조의 명인인 전추산에게 단소를, 민삼현 피리로 유명한 최장복에게 피리를, 아쟁으로 유명한 강동안에게 아쟁을 배웠으며, 판소리 명창인 홍정택에게 소리를 배우면서 가무악(歌舞樂)을 두루 섭렵할 수 있었다. 이

정인삼의 춤 스승. 정형인의 60대의 모습.
정형인 선생님의 60대의 모습이다. 선생님의 마지막 시대의 모습을 담은 사진이다

렇게 젊은 시절 여러 선생님께 국악에 대한 폭넓은 교육을 받은 것이 내 삶을 얼마나 넓고 깊게 했는지는 말 할 나위가 없다.

3.2. 구두방 사업의 좌절, 그러나 무용 지도로 행복했던 청년시절

임실에서 충남 장항으로 이사를 하고 나서, 15세~16세에 고모의 주선으로 구두방에서 숙식을 하며 구두 만드는 것을 배우게 된 것이 계기가 되어 이후 10여 년 동안 구두 만드는 일을 하게 되었었다.

그러면서도 춤과 음악을 익히기를 멈추지 않았다. 그 당시에는 신무용이 꽃을 피우던 시절로, 한국전통무용을 하는 사람들도 신무용을 함께 익혀서 많이 활동하던 시기였다. 나도 특별히 여러 선생님들을 찾아다니면서 신무용을 익혔고, 전주에서 특별한 이름을 얻게되어 전주의 다른 무용학원 발표회 때 객원무용수로까지 활동

좌) 신무용 공연 활동을 활발히 전개하던 21세 때의 정인삼.
정인삼의 21세 때의 신무용 활동 시기의 모습으로, 당시에 '산조'라는 춤이 유행할 때인데, 아마도 그 작품으로 추정된다.

우) 신무용 활동을 하던 18세 때의 정인삼.
당시의 정인삼 선생의 이러한 활동을 보여줄 수 있는 몇 안 되는 자료이다.

하게 되었다. 당시에 나는 전주에서 구두방 점원 살이를 하던 시절인데도, 춤이 좋아서 공연일정만 잡히면 춤을 추러 다니던 때였다.

그러던 중에 1965년 전국민속예술대회에 같이 갔던 황재하라는 부자집 친구가 대회 다녀와서는 '내가 돈 댈 테니까 구둣방 해라, 개업해라'고 하더니 진짜로 돈을 전부 지원해 주어서 바로 '국제양화점'을 개업할 수 있었다. 국제양화점 할 때 나는 중앙성당에 다녔었는데, 그 때 성당에 들어가려면 신발을 벗고 들어가야 했다. 성당에 사람들이 벗어 놓은 구두에 붙은 국제양화점 딱지(스티커)들 때문에 온통 바닥이 국제양화점 천지였었다.

잘 나가는 구두방을 운영하던 그때의 나는 전북국악협회 회원으로서 감사를 역임하기도 하고, 연극협회(예총의 전신)의 대의원도 지내면서, 극작가 박동하 선생의 연극에도 참여하면서 활발한 문화예술활동을 벌였다. 이 모든 일들이 또한 즐겁기만 했다. 그러다 보니 밤새울 만큼 일이 많아서 장사가 잘 되던 국제양화점을 결국에는 3년 만에 다 털어먹고 말았다.

그 때 난 빚쟁이한테 쫄려가지고 수면제 먹고 자살까지도 시도했는데 죽을 운명이 아니었던지 3일 만에 깨어났다. 수면제 먹고 처음에는 잠도 안 오던데, 아침에 들어간 사람이 저녁이 되어도 나

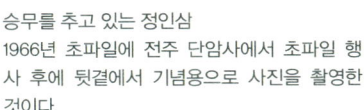

승무를 추고 있는 정인삼
1966년 초파일에 전주 단암사에서 초파일 행사 후에 뒷겯에서 기념용으로 사진을 촬영한 것이다.

상) 정인삼의 승무
1973년에 있었던 전국민속예술경연대회에 전라북도 대표로 출전했던 당시의 모습으로, 전주농고 선후배로 결성된 승무 무용팀이었다. 당시 특별히 전라북도 도예선 없이 대표로 지정되어서 출전하게 되었다고 정인삼은 기억한다.

하) 1973, 전주농고 학생들이 정형인 선생님께 배운 승무를 연습하고 있는 모습이다.

오지 않으니까 사람들이 들어와서 전주 적십자병원에 데리고 갔다. 간신히 깨어나 침대에 묶여 문을 밀고 나오는데 어머니가 막 따라 오시면서 울던 기억이 가슴 아프다.

　　3년 만에 국제양화점을 다 털어 덕었는데, 고현규라는 친구가 '인삼이 양화점 문 닫고 그래서 어떡하냐? 내가 가을에 계 타니까 그거 해 준다' 그래서 가게만 어떻게 어떻게 잡아 놓았다가 가을에 그 곗돈하고, 충북 청주농고 가서 돈 받은 것을 합쳐 '골든양화점'

을 또 했는데, 그것도 2–3년 밖에 못 했다.

1972년 친구 중 한 명이 전북 고창에 있는 초등학교로 부임하게 되자 나는 거처를 고창으로 옮겨 당시 비어있던 한 학교를 빌려서 약 1년간 무용학원을 운영하였다. 고창여중고, 삼인초등학고, 고창초등학교 등에서 무용, 소고춤 등을 지도하기도 하고, 부녀자반을 만들어 지도하기도 했는데, 힘들고 어려웠던 청년시절 중 그래도 이때는 행복에 겨운 시기였다.

3.3. 한국의 전통춤을 찾아서

나는 정형인 선생님과의 춤 인연이 끊겨버린 후 한 동안 여러 선생님들께 춤을 배우기 위해서 찾아서 다녔고, 그 경험과 학습들이 정인삼만의 춤의 세계를 완성할 수 있는 밑거름이 되었다.

여러 춤 선생님들 중 정형인 선생님 다음으로 내게 큰 영향을 끼친 선생님은 박금슬 선생님이다. 박금슬 선생님은 나에게 한국무용기본을 비롯하여 승무바라, 민살풀이, 거꾸로산조 등을 가르쳐 주었다.

박금슬(1925~1983) 선생님의 본명은 김길남으로 서울 장안의 부자집 외동딸로 태어났는데, 유치원 때부터 유희(遊戱)를 좋아했다고 한다. 현대적인 부모님이 이러한 박금슬 선생의 재주와 바램을 알아 차려 일찍이 춤과 음악 등을 익힐 수 있었다고 한다. 해방 되기 전 결혼할 배우자와 함께 일본 유학 길에 오르면서 전문학교에 입학하여 일본의 이시이 바쿠(현대무용가)에게서 춤을 배웠다.

그리고 귀국한 후 본격적인 춤 활동을 전개하기에 시작했다.

상) 아쟁을 배우던 시절의 정인삼과 전광옥.(전주 청학루에서)

1967년 당시 친구들과 함께 강동안(거문고 연주자)이라는 분께 가야금, 거문고, 아쟁을 두루 배웠는데, 거문고는 최배현, 가야금은 김용덕, 정인삼은 아쟁을 나누어 배웠다고 한다. 당시에 전주 청학루에서 이러한 날들을 기념하며 찍은 사진이다.

본디 전주의 청학루는 예전에 시나 시조를 읊던 곳으로, 한국국악협회 전북지회로 사용하다가 후에 전주국악예술고등학교가 자리잡았다. 성운성이라는 여류 판소리 창자가 국악협회 전북지회장으로 있을 당시에 건물을 학교부지로 내주었다는 말을 어른들께 들은 기억이 있다고 한다.

하) 박금슬 선생님.
박금슬 선생님의 40대 즈음의 모습. 박금슬 선생님이 평소에 가장 좋아하시던 사진이다.

전국의 춤 명인들에게 춤을 배우려고 했으나, 6·25전쟁으로 마땅한 춤 선생을 찾기 어려워 오양금(장택상의 부인) 선생과 함께 다니면서 많이 배웠다고 강선영(태평무 문화재 지정자) 선생이 회고하는 말을 들은 바 있다.

　　6·25 이전에 전주에 있는 정형인 선생님을 찾아와서 예기춤에 대해서 배우고, 전통적인 무용의 술어에 대한 의문을 정리해가던 박금슬 선생님은 전쟁 당시에는 대구, 부산으로 피난을 다니다가 대구의 정소산 선생을 찾아가서 본격적인 예기무를 학습하게

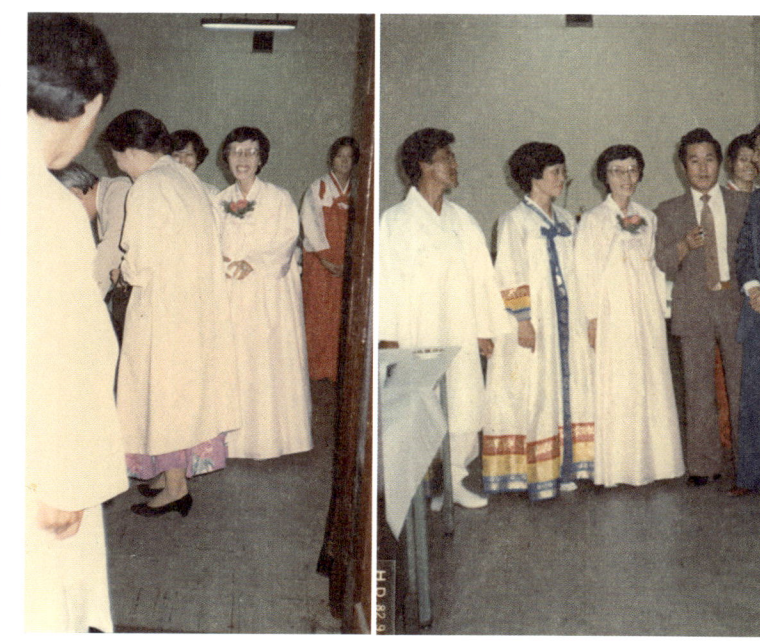

1982년 박금슬 선생님의 《춤동작》 출판기념회 사진 속에서 곤색양복을 입고 입는 분이 박금슬 선생님의 맏제자 한보성씨이고, 갈색양복은 무용가 김진걸 등이 동참했으며, 맨 왼쪽에 정인삼 선생의 모습이 확인된다.

되었다고 한다.

　박금슬 선생님은 수복 후에는 전주에 가서 정형인 선생님께 춤을 사사했는데, 우리나라 무용의 술어를 마련하기 위해서 전국을 다니면서 여러 춤 선생님들을 찾아다니던 시절이었다. 그 결과로 저서 《춤동작》이 남겨지게 된 것이다.

　1982년에 출판된 박금슬 선생님의 저작 《춤동작》은 우리 한국무용의 기본 술어를 정리한 것으로 한국무용의 기본을 알기 위해서 반드시 익혀야 하는 저작이다. 선생님께서 젊은 시절부터 평생 동안 전국을 돌아다니면서 모아온 우리춤에 대한 모든 것이 정리된 것으로 불교무용, 궁중무용을 비롯한 민속무용이 총망라되

박금슬 선생님 기본 춤 연
습 장면
1980년(민속촌 실내공연
장-무악재에서), 당시에
예인동, 김평오, 방승환 등
의 제자들과 함께 박금슬
선생님의 한국무용 기본
춤을 수시로 연습했다.

어 있다. 특히 민속무용은 그 용어가 어려워서 술어풀이에 큰 곤
혹이 있었다고 한다. 예를 들어서 '멍석말이', '여다지', '깨끼', '까
치걸음' 등의 단어를 어떻게 설명할지 어려웠다고 박금슬 선생님의
회고를 들은 바 있다.

　　이렇듯 박금슬 선생님은 여러 지역을 다니면서 두루 춤을 섭
렵한 우리나라 유일의 인물이라고 할 수 있어서 그 명성이 자자했
다. 30세 전후에는 경남 고성오광대의 기본춤을 짜주시는 등 민속
춤에도 매우 식견인 넓었던 것으로 보이는데, 현재 고성오광대의
기본춤에서 발디딤이나 그 돋음새가 박금슬 선생님의 그것과 매우
같다.

김광숙 선생님
1960년대에 태국에 머물러 계시던 박금슬 선생님께 유일하게 예기무를 배운 인물이다. 박금슬 사사 이후 김광숙 선생은 예기무로 사셨으며, 접시 대신 소고를 들고 춤을 추었다. 이로써 정자선−정형인/정소산−박금슬로 이어지는 예기무의 전통을 김광숙 선생이 올곧게 이어받아서 전승했다고 할 수 있다. 김광숙 선생님의 그 삶이 마치 박금슬 선생님과 흡사하다.

1980년 10월, 제2회 대한민국무용제, 작품 〈태초〉, (연출·안무: 박금슬)에 출연했던 김광숙, 정인심(중앙).

제9회 대한민국무용제, 〈사랑굿〉 공연에 함께 참가했던 단·원들. 뒷줄 중앙의 흰색 복색을 입은 사람이
정인삼이다.

금슬회의 1987년 대한민국무용제, 참가작 〈사랑굿〉 공연 틈. 우측부터 이광재, 복성수, 정인삼, 김수용.

1986년 문예회관대극장, 금슬회 공연
박금슬 선생님의 제자로 조직된 금슬회 단원들이 박금슬 선생의 기본춤을 공연하고 있는 모습이다. 인적구성원은 남성들로만 구성된 것으로서, 아마도 최초의 남성무용단인 것으로 추정되는 점에서 매우 소중한 사진자료이다.

　　나는 박금슬 선생님과는 정형인 선생님과의 인연을 매개로 하여 인연을 맺게 되었으며, 두 선생님께 지대한 영향을 받았다. 나는 우리나라 기본춤을 익히기 위해서 1960년대에 박금슬 선생님을 여러 차례 직접 찾아다니면서 춤의 기본을 5~7일에 걸쳐서 배우기를 반복했다. 내가 춤을 배우기 위해서 가장 많이 만나 뵌 선생님이라고 할 수 있다. 특히 박금슬 선생님께 춤 철학 내지 인생 철학에 대해서 많이 공부할 수 있었는데, '우리춤의 본래 본모습을 먼저 찾아야 한다, 세상 사람 중에 단 한사람만이 나를 알아주면 그걸로 만족한다'는 박금슬 선생님의 말씀이 여전히 귀에 쟁쟁하

박금슬 선생님 무용발표회(1968.11.25) 명동국립극장.
당시 공연종목 중 정인삼 선생은 '푸짐헌날'이라는 작품에 직접 참여해서 감회가 새롭다고 한다. 당시
우리나라의 최고 무용수들이 찬조 출연했으며, 선생님 뜻에 맞추기 위해서 최대한 노력했다.
사진을 통해서 확인되는 출연자들로는 박금슬, 한보성, 김계순, 김자은, 국수호, 정인삼, 정신자, 김경선,
양명순 등이다. 이애주, 이인주, 김계순 등은 당시 삼대 여성무용가로 유명했다.
박금슬 선생님은 이 공연을 마친 후에 해외 공연을 떠나셨다.

니, 아마도 당시의 그러한 가르침이 오늘날의 정인삼을 이끈 것은 아닌가 생각된다.

그리고 선생님이 돌아가신 후 선생님께 춤 가르침을 받는 제자들은 '금슬회'를 만들어서 선생님이 가르쳐 주신 춤을 잊지 않기 위해 한 동안 공연과 함께 모임을 지속적으로 가졌었다. 그 중 중심적인 인물 중의 한 분이 김광숙 선생이었다.

박금슬 선생님의 말년은 그다지 편하지 만은 않았다. 중년인 40대 중반부터 50대 중반까지 약 10년 가량을 태국에 머무르

시면서 국내에서 활동하지 못하였고, 그로인하여 형편 또한 곤궁해져서 돌아가신 후에는 집에 남은 살림도 많지 않았다. 선생님의 장례를 지낸 후 남아있던 모든 유품은 어느 순간에 순식간에 다 사라져 버렸고 사라지고, 그나마 몇몇 유품들만 나에게 전해지게 되었으니 그 마음이 안타깝기 그지없다.

그리고 선생님이 돌아가신 후 선생님께 춤 가르침을 받는 제자들은 '금슬회'를 만들어서 선생님이 가르쳐 주신 춤을 잊지 않기 위해 한 동안 공연과 함께 모임을 지속적으로 가졌었다.

또한 한국민속촌에 머물면서 경기지역에서 춤으로 이름이 높았던 이동안에게 신칼대신무, 진쇠춤, 장검무, 승전무를 전수받았다. 이동안(李東安, 1906~1995) 선생님은 경기도 화성 출생으로, 대단한 예인 가문의 자손이다. 12세 때 남사당패에 입단하여 1921년 춤의 명인 김인호(金仁鎬)로부터 《신칼대신무》《진쇠춤》《태평무》 등을 전수받았으며, 1922년에는 박춘재로부터 발탈을 배웠고, 1924년에는 김관보로부터 줄타기를 배웠다. 이러한 경력으로 1942년 여성국보단체단장, 1947년 국악음악무용학원장, 1980년 선화예술고·대성여고 등지에서 무용강사를 지냈으며, 1983년 발탈예능보유자로 지정되었다. 1994년 10월에는 90세 기념무대를 갖기도 하였다.

선생님은 재인청의 마지막 도대방(재인청의 수장)으로 알려져 있는데, 재인청(才人廳)은 세습무와 놀이 문화를 담당해온 광대 등 예인들이 조선 후기에 형성시킨 기관으로 예술인들을 관리하고 교육하는 기관이었다. 이동안 선생님이 도대방으로 있던 경기도화성재인청은 조선 말까지 활동하였으나 일제강점기, 근대화 과정을 거치면서 유명무실해진 것을 운학 이동안  선생과 옥당 정경파 선생이 명맥을 이은 것이었다. 그리고 이동안 선생과 정경파 선생이 모두 별세하자 2003년에 (사)화성재인청보존회가 설립되면서 그 뒤를 잇고 있다.

정경파(鄭瓊坡. 미상~2000) 선생은 이동안 선생의 제자이자 이동안 선생과 함께 화성재인청의 맥을 잇는데 함께 노력하기도 했다. 1991년에 승무와 살풀이로 경기도무형문화재 제8호에 지정되었는데, 2000년 9월 지병으로 작고하기 전까지 화성재인청의 춤과 장단, 소리를 많은 제자들에게 전수하려고 노력하였다. 특히 정경파 선생의 승무는 북놀이 과장이 끝난 후 장삼과 고깔, 가사를 벗어 북에 걸어 해탈의 경지를 표현하는데 이것이 정말 독특하다. 현재 경기도무형문화재 제8호 예능보유자는 김복련이다

좌) 90대 이동안 선생님의 모습.
이동안 선생님의 마지막 사진으로, 92세 또는 93세 경으로 추정된다.

우) 이동안 선생님의 진쇠무가 담긴 엽서

화성재인청에서는 승무, 살풀이춤을 비롯해 신칼대신무, 바라무, 한량무 등 춤의 전수가 활발히 이루어졌는데, 특히 화성재인청류라 하여 팔도 전통예술의 특성을 종합하고 춤에 연극적인 요소를 가미한 것으로 평가받는 것이었다.

나는 이동안 선생님의 춤을 화령정 풍화당에서 배웠는데, 이 화령정 풍화당은 이동안 선생님의 본거지로 1990년대 말까지만 해도 정경파 선생님께서 이어서 이 공간을 지키고 있었다. 나는 이 화령정 풍화당에서 이동안 선생님과 정경파 선생님께 춤을 배웠다.

1998년 4월 28일, 화령정 풍화당에서 정경파 선생님께 신칼대신무를 전수받는 장면.
하단 좌측 사진에서 앉아서 장구를 치고 있는 분이 바로 정경파 선생님이다.

이 공간은 6.25 이후 폐허가 다 된 상황에서 수원 시우회 사무실로 쓰던 것을 국악협회 경기도지회 사무실로 운영하고 있었고, 그 한 켠의 방에서 정경파 선생님이 거주하면서 사셨다.

정형인, 박금슬, 이동안 선생님으르부터 초다짐을 받은 나의 춤은 그 후대를 잇는 김광숙, 정경파 선생님들과의 만남으로 더욱 견고해졌다. 이처럼 여러 선생님들을 찾아다니면서 배운 나의 춤은 나의 재산이었고, 새로운 나를 만들기 위한 받침대 역할을 해주었다.

3.4. 춤...나들이를 가다.

춤과 나의 인연은 아마도 운명적인 것 같다. 농악과 춤을 인연으로 만난 선생님들은 모두 나에게 끝없는 애정으로 이끌어주셨다. 선생님들의 애정어린 가르침 위에 나의 의지와 노력이 보태져 춤의 세계, 춤의 길이 다져지기 시작했다.

젊은 시절부터 시작된 춤에 대한 열정은 곧 나의 스승들에게 배운 춤과 합쳐지면서 새로운 나만의 춤의 세계를 열게 하는데 도움이 되었다. 정형인 선생님으로부터 배운 소고춤은 1990년대에 이르러서 나만의 멋으로 나타나기 시작했다. 선생님들께 배운 예기무로써의 소고춤과 승무가 나의 농악 인생과 만나면서 춤사위를 비롯해서 복색이나 그 손동작에서도 독자적인 새로운 맛을 내게 되었다. 또한 이동안 선생님에게서부터 정경파 선생님, 그리고 내게 이어진 진쇠춤과 신칼대신무 역시 나의 농악인생과 함께 새로운 정인삼만의 독다적 춤을 만들어내었다.

무엇보다도 나는 이미 10대 때부터 익혀온 한국춤을 한시도

김백봉 선생님 공연 기념 사진.
1974년. 국립극장. 앞줄 왼쪽부터 김말혜, 김근희, 정인삼 뒷줄 가운데에 김백봉 선생님이다. 군복은 입은 사람은 지희영으로 국수호와 동년배의 남성 무용수이다.

국립무용단 소속 남자단원들과 함께.
1970년대 말 즈음. 국립극장이 장충동으로 이사(1973년)한 후에 정인삼 선생이 함께 춤을 추었던 인물들을 찾아가서 분장실에서 기념으로 촬영한 것이다.
맨 뒷줄 왼쪽부터 석주엽, 최○○, 강만희, ○○○, 가운데 줄 왼쪽부터 강이섭, 정인삼, 국수호, ○○○, 맨 앞줄 왼쪽의 박상규, ○○○ 등이다.

1980년 제2회 대한민국 무용제에 박금슬 선생님이 안무한 공연 〈태초〉에 출연하고 나서.
당시에 김광숙이 주연으로 참여하여 연기상을 수상했고, 김영동이 음악상을 수상했다.
사진에 참여한 인물들로 오화진(맨 뒷줄 가운데), 정인삼(맨 뒷줄 우측), 김자은 스님(가운데 줄), 한보성
(맨 앞줄 남자), 그 외 연세대학교 탈춤반 학생들과 함께한 것이다.

놓지 않고 꾸준하게 연습해왔다. 선생님들께 춤을 배우던 시절은 물론, 내가 배운 춤을 스스로 익히면서, 더불어 제자들에게까지 가르쳐 주면서 국악계에 흔하지 않은 '춤을 추는 남무(男舞)'로써 나만의 자리를 확보하기 위하여 끊임없이 노력했다.

그리고 나는 1990년대부터 나만의 춤 세계를 새롭게 펼치기 시작했다. 지금까지 선생님들께 배워온 소고춤과 진쇠춤, 승무 등과는 사뭇다른 새로운 전환점을 찾았다. 그것은 내가 걸어온 농악의 길과 맞닿아 있었다. 수 십년에 걸쳐서 춤과 농악으로 다져진 몸은 춤을 출 때 너무나도 자연스럽게 움직였고, 선생님들의 가르침이 다시 한 번 몸과 마음에 닿아서 독자적으로 표현되었다.

그러자 점차 테두리를 벗어나 밖에서 나의 춤의 독자성을 인정하게 되었고, 외부에서 나의 춤을 보기 위해서 초청하는 빈도도 높아졌다. 나는 그럴수록 나만의 춤을 완성하기를 게을리 하지 않았다. 이제 나 혼자서가 아니라 내 제자들에게까지 이러한 춤의 길을 열어주려고 한다.

〈정인삼의 춤 공연〉

1982년	제 2회 대한민국 무용제 〈태초〉 공연
1987년	대한민국무용제 사랑굿 공연 〈금슬회〉
1998년	故 운학 이동안선생 추모공연 〈신칼대신무〉 공연
1998년	SIDance 98 스며들어 서로 만나기 소고춤 – 98 세계무용축제
1999년	일본동경 국립극장 초청 〈소고춤〉 공연
2000년	제 9회 옥당 정경파 무용발표회 〈신칼대신무〉, 〈진쇠춤〉 공연
2002년	남무 춤추는 처용아비들 〈진쇠춤〉 공연
2003년	제 23회 대한민국국악제 〈소고춤〉 공연

2004년 남무 춤추는 처용아비들 〈소고춤〉 전국 3개도시 순회 공연
2004년 정인삼 춤 나들이 공연 - 경기도문화의 전당 소극장
2005년 '2005 名人名武展'〈진쇠춤〉 공연 - 국립국악원 우면당
2005년 남무 춤추는 처용아비들 〈소고춤〉 공연 - LG아트센터
2005년 정인삼 춤 나들이 공연 - 경기도문화의 전당 소극장,
        전주 전통문화센터, 국립민속박물관
2006년 제 15회 전국무용제 초청 〈신칼대신무〉 공연 - 포항문화예술회관
2006년 류파별 승무 페스티발 〈정자선, 정형인류 승무〉 공연
        - 용인문화예술회관 대극장
2007년 풍물명무전 〈소고춤〉 공연 - 국립극악원 예악당외 2개도시 순회공연
2007년 제 27회 대한민국국악제 '명인에게 길을 묻다.'〈소고춤〉 공연
        - 국립국악원 예악당
2008년 오방명무 선유도 〈소고춤〉공연 - 대구봉산문화회관 대극장
2009년 김병섭 선생 20주기 추모공연 〈신칼대신무〉 공연
        - 국립국악원 우면당
1970년대부터 현재까지 세계국제 페스티벌 30여회 참가

3.5. 정인삼의 춤, 원리와 미학

정인삼은 춤의 위대한 산맥에 일찍 접했다. 위대한 산맥을 만나야 자락이 넓고 여러 산들이 함께 어울려 굴곡진 대간을 형성할 수 있다. 정인삼의 생애는 춤의 생애라고 할 수 있으며, 춤의 숙명을 안고 살아가는 과업을 이어받았다. 정인삼의 춤 나들이는 10대 후반에 시작되어서 70에까지 이르렀다.

정인삼의 춤 나들이에 최초의 동반자가 되어준 스승은 정형인이다. 정형인은 정자선의 아들로 정인삼의 직접적인 스승이 되어준 인물이다. 정형인의 제자들은 여럿이 있지만, 그에게서 사사한 인물로 박금슬, 김광숙 등이 더 있다. 한성준과 함께 근대무용의 산

좌우) 정인삼의 소고춤
정인삼의 소고춤은 1990
년대에 대학로 두레소극장
에서 최초로 공연하여 이
후 정인삼의 춤 세계를 대
표하는 작품이 되었다.

맥을 이루어준 인물이 바로 정형인이다.

　정형인은 정인삼과 18세를 해서 만난 인물이다. 정형인에게서
기본적인 춤사위와 함께 여러 가지 춤을 배웠는데, 기본적인 춤을
익히는 과정이 아주 남달랐다고 되어 있다. 1회 대한민국무용제,
박금슬 선생님 추모공연 때 정형인에게 배운 춤을 추고 이후 제자
들에게 지속적으로 춤을 교육했기 때문에 정인삼은 정형인의 춤을
모두 기억하고 갖고 있다. 정형인 선생님께 배운 사람 중 유일하게
살아있는 사람으로 김조균, 김덕규, 김영일 등이 전주농고에서 같
이 배운 분들이다. 이 춤을 익힌 과정을 정리하면 다음과 같다.

　옛날 기생은 꼭 추어야 하는 춤이 세가지가 있는데, 그것이 바
로 승무, 검무, 소고춤이다. 지금은 그런 기생들의 놀음놀이판이
없어서 정확한 면모를 알기 어렵다. 옛날에 양반과 기생들이 놀음
놀이판을 하면 맨 마지막에 반드시 추는 것이 소고춤이었다고 한

좌우) 1999년 정경파 무용 발표회 중 진쇠춤.
정경파 선생은 이동안 선생님의 맏제자로, 이동안류 경기도 무형문화재 승무살풀이로 지정받았다.

하) 정인삼의 신칼대신무.
1998년(수원문예회관 문화의 전당 소극장), 이동안 선생님 3주기 추모를 위한 공연에서 신칼대신무를 공연하고 있는 정인삼 선생의 모습이다. 이 신칼대신무는 본래 이동안 어른의 것으로 정경파 선생께 정인삼 선생이 사사한 것이다.

2000초반, 예술의전당 토월극장, UNESCO, '한국명무전' 출연 기념-소고춤

다. 이 과정에 더 이어서 추는 것이 병신춤이었다. 병신춤은 즐겁고 웃기는 것이었으며 한바탕 해학으로 신명을 이끌어내는 것이다.

이에 견주어서 승무는 음악도 감상적이고 기본춤과 함께 다양한 장단 구성에 맞추어서 추는 여러 가지 춤사위가 들어 있다. 기실 살풀이는 근자에 나온 것으로 전통적인 것과는 일정한 거리가 있다. 옛날에는 지금과 달리 굿거리춤과 같은 것이 있었을 따름이다. 예전 어른들은 '춤나온다 춤나온다 굿거리 장단에 춤나온다. 이 장단에 춤 안 추면 어느 장단에 춤추느냐'고 흔히 말한 바 있다.

정인삼은 정형인 선생님께 기초무용, 승무, 살풀이(맨손춤), 소고춤의 기본을 배웠다. 기초무용은 지속적으로 배우고 익히는 기본적인 춤이었으며, 이러한 전통적인 학습 방식이 춤의 정신을 일깨우고 사람을 사람답게 만드는 춤을 추게 했을 것으로 추정된다. 한결같은 정형인의 구음은 모두가 인정한 바이다.

정형인의 춤은 기본적으로 이 모든 것을 그대로 다 가지고 있다. 그러한 전통은 나중에 확인한 것이지만 우리가 100년대로 내려온 기초무용 또는 기본무용은 지금은 화성재인청에 남아있고, 그 다음에는 정형인 선생님께 남아있었음을 새삼스럽게 깨닫는다. 그 외의 기초무용은 모두 신무용화된 것으로 평가된다.

좌) 2003년, 제23회 대한
민국 국악제 참가 사진.

우) "여무(女舞)" 중, 강선
영 선생님과 기념촬영, 정
인삼(우), 양한(좌).

　　정형인에게서 발원하고 정인삼에게 남아 있는 정형인의 춤이
지니고 있는 기본적인 특징은 비교적 분명한 미학적 근거와 철학
을 엿보게 한다. 정형인의 춤에는 두 가지 특징이 있다. 첫째는 소
박하다고 하는 것이다. 졸박한 것에서 깊은 맛이 우러난다고 할 수
있는데 이러한 소박함이 비교적 명확한 근거를 이루고 있다. 소박
하다고 하는 것은 바로 기본적인 호흡법에 충실하다고 하는 것을
확인할 수 있다. 들숨과 날숨이 비교적 정연하고 기본적으로 어울
리는 면모를 구현하고 있다. 호흡하는 것이 밖에서 보는 사람에게
보일 정도로 투명하고 명징했다고 하겠다.

　　둘째는 춤의 근본적 특징에 대삼소삼의 근거를 명확하게 하고
있었다. 이는 춤이나 소리, 농악의 타악 장단 등을 연행하면서 당
연하게 여기는 것인데 이에 대한 근본적 생각을 정형인은 분명하게
하고 있다. 이 전통 속에서 우러나는 대삼과 소삼의 기본 원리는
이러한 점에서 값진 의의와 의미를 가지고 있다.

춤의 해를 맞이 하여 열린 '2005 名人名舞展'(국립국악원 우면당), 공연을 마친 후 출연자 선생님과 함께 무대인사.
차례대로 김수악, 권명화, 김덕명 명인.

2005 名人名舞展에서 공연에서 김수악(진주 검무), 장금도(군산 민살풀이), 김덕명(양산학춤), 권명화(대구 살풀이) 명인과 무대인사를
하는 정인삼선생.

공연 포스터용으로 촬영했으나 사용되지 못했다. 각자 출 춤의 소도구와 복장이 챙겨지지 않아 재촬영이 이루어졌다.

'춤추는 처용아비들 **男舞**' 공연 포스터용 사진(2009, 호암가트홈), 앞줄 왼쪽부터 김덕명, 정인삼, 문장원, 황재기. 뒷줄 왼쪽부터 이윤석,○○○, 하용부, 김운태.

제2회 한국춤제전−춘하추
동 공연 기념 사진 (2009
년, 국립국악원 예악당).
태평무의 이명자, 승무의
최상묵, 권명화(가운데 흰
치마저고리), 정인삼 등이
참여했다.

　　소박한 것과 대삼소삼의 운용 원리를 결합하게 되면 정형인의
기본적인 면모를 그대로 확인하게 되고 왜 이 유파의 전승계보가
소중한 것인지 명확하게 된다. 이를 발전시켜 창조적으로 재해석한
것이 바로 정인삼류의 고깔소고춤이라고 할 수가 있다. 정인삼류
고깔소고춤 춤사위의 기본적인 특징이 몇 가지 있다.

　　일단 고깔춤은 술어가 기본적으로 모두 붙어 있다. 명확한 용
어가 발전적으로 부여되어 있다고 하는 것은 자득적인 이론이 있
다고 하는 말이다. 이 이론의 구체적인 면모는 기본동작인 1,2,3,4
등의 순차에 의거해서 맞치고, 엎치고, 물푸고, 뿌리기 등을 정확
하게 구현하고 있다는 것이다. 또한 더불어서 이를 발전으로 다른
동작에서도 맞게끔 이어가고 있어서 체계적인 점을 볼 수가 있다.
기본동작 이외의 춤사위에 이러한 특징을 갖고 있는 용어들이 더

있다. 꾸리북(고창농악), 외꾸리(밖에서 감아 오는 것), 나비북, 색경보기(민경보기, 거울보기)—지슘으로 딱 한번만 등장하고 있다.

미학적으로 본다면 정형인과 정인삼의 연계는 분명하다. 그런데 이들의 미학적 품격은 약간 차이가 있는 듯하다. 그것을 비교해서 보면 선명하게 확인된다. 정인삼은 정형인 선생님의 춤에 품위가 있었으며, 승무의 시작에서 마치 정재의 맛이 난다고 했다. 비유적으로 말해서 '봄날 호숫가에 능수버들이 축 늘어졌는데, 훈풍에 움직이는 것 같으면서도 안 움직이고, 안 움직이는 것 같은데 움직이는 것처럼 춤을 추어라'라는 말씀을 했던 것을 기억에 떠올리곤 한다.

그것은 전통적인 춤사위에서 흔히 정중동(靜中動), 동중정(動中靜)의 실체를 구현하려고 하는 것과 일치한다. 그래서 기본적인 춤으로 정형인은 늘상 입버릇처럼 '승무는 모든 춤의 기본이다'라고 강조하고 있으며, 이 정형인의 말에 정인삼이 문득문득 깨닫고 있는 바이다. 그 말에 자극받아서 길고 긴 염불장단의 호흡으로 춤을 추는 것이 기본이며, 또한 이것이 모든 춤의 기본으로 여겨진다고 하였다.

정인삼류의 고깔소고춤은 이러한 맥락에서 성립되었지만 이와 다르게 말하는 대목이 있다. 이를 어떻게 말할 수 있는가? 그것은 정인삼의 춤 학습에서 나온 것이지만 기본적으로 정형인의 틀 안에 서 있으면서 자득한 경지를 덧보탠 부분이라고 할 수가 있다. 정인삼의 고깔소고춤은 비교적 정합성이 분명하고 춤의 체계와 벼리가 잘 서 있다. 오히려 이 점은 주변사람들이 '정인삼의 춤은 교과서와 같이 일목요연하게 잘 정리되어 있다'고 평하는 데서 확인하게 된다.

　정인삼의 고깔소고춤은 농악에서 추는 소고춤과는 전혀 다른 것이다. 고깔만 쓰고 추다보면 농악속의 고깔춤으로 오해를 받을 수 있으니, 후에 '전립고깔'이라는 것을 만들어서 쓰는 것으로 자신의 고깔소고춤이 농악의 그것과 다른 것임을 분명하게 했다. 전립 고깔을 쓰고 이름을 붙여서 사용하다 보니, 농악판의 소고춤과 시각적으로 구별이 되고 있다. 또 이에 맞춰서 의상에 대한 고민을 하다가, 예전 기생들과 달리 농악 속에 입었던 더거리를 옮겨 와 앞 뒤의 섶만 다르게 하여 앞은 배꼽 밑으로 내려가게 하고, 뒤를 짧게 해서 고가 보이도록 차이를 추구했다. 약간의 농악냄새를 두르면서도, 연두·꽃분홍 등 오방색으로 처리해서 차이를 두었다.

　농악의 고깔소고춤과 무용의 고깔소고춤은 서로 깊은 관련이 있다. 소고를 들고 추는 춤은 서로 일치하지만 이 춤의 일치점 때문에 우리는 흔히 두 가지 춤이 같은 것이라고 오해하곤 한다. 그러나 서로 공통점에 근거한 차이점이 있을 수 있다. 그 점이 무엇인지 명확하게 논의되지 않으므로 서로 오해가 생길 수 있다. 농악과 예기무의 춤은 근원적으로 차별성이 있다.

　농악의 고깔소고춤은 여러 잽이 가운데 하나인 소고잽이들의 춤인 점이 분명하다. 고깔소고는 집단적인 춤이다. 농악대의 고깔소고춤은 혼자 하는 것이 아니라 여럿이서 한다. 동시에 농악의 연주 상황에 맞추어서 여럿이서 임의적이고 자의적인 춤을 추게 된다. 농악의 고깔소고춤은 자의적인 것이 일정하게 허용되지만 일련의 상황 속에서 시간적 길이를 줄이기도 하고, 늘이기도 한다. 고깔소고춤은 이 과정에서 파생된다.

고깔소고춤을 출 수 있는 공간적 제약에서의 허용은 구정놀이와 같은 데서 이루어진다. 여러 잽이들이 함께 하는 행사를 하면서 고깔소고춤을 추는 인물들이 이 과정에서 자의적인 춤사위를 일관된 틀 속에서 하는 것이다. 그러나 개인적인 능력에 의한 연행적인 차이 속에서 이를 구현하는 일이 벌어지곤 한다. 그러한 점에서 이 고깔소고춤은 깊은 관련성을 가지고 있다. 고깔소고춤은 집단적인 춤이면서 개인적인 춤이 된다.

　　예기무로 하는 고깔소고춤은 차별성이 있다. 장단을 연주하는 인물들이 따로 구성되고 집단적인 놀이의 일환으로 하는 것이 아니라 독립된 차별성을 가지고 독자적인 구성을 하는 것이 바로 예기무의 고깔소고춤이다. 그러므로 장단의 배열이나 구성이 임의적이거나 자의적인 것은 아니다. 일정한 장단의 배열이 이루어지고 동시에 기예를 정당화할 수 있는 장단의 구성과 춤사위의 배열이 긴요한 구실을 하게 된다. 농악의 고깔소고춤이 집단적이라고 한다면 예기무의 고깔소고춤은 개인적이다.

　　농악의 고깔소고춤이 집단적 전승에 의한 임의성에 치중한다고 보면, 예기무의 고깔소고춤은 오히려 개인적 전승과 창조에 의한 것이 매우 중요한 구실을 하게 된다. 개인적 창조에 의한 춤의 배열과 기예의 정점을 구현하는 것이 바로 예기무의 고깔소고춤이 지니는 핵심이라고 할 수가 있다. 그러한 점에서 고깔소고춤인 동시에 서로의 차이점이 있다.

　　예기무의 고깔소고춤이 되기 위해서는 일련의 과정이 필요하다. 그렇게 하기 위해서 복색과 함께 특정한 춤사위를 위한 춤의 본과 원형을 강조할 필요가 있다. 복삭을 통해서 보여주고자 하는

2004년 〈정인삼의 춤나들이〉 공연 맞이 추모제, 민속촌 농악단 숙소.
정인삼 선생은 매번 큰 공연이 있을 때는 그 동안에 스승으로 모셨던 여러 선생님들을 위한 추모제를 거행한다. 정인삼 선생이 처음으로 개인 춤공연인 〈정인삼의 춤나들이〉를 올리기 전에 정형인, 이동안, 박금슬, 정경파 선생님들을 위한 추모제를 올린 것이다.

것은 전통의 혁신이다. 종래의 농악복색과 비슷한 면모가 있지만 이와 준별되는 것이 필요했다. 동시에 농악의 고깔과 그것과 비교되는 차별성이 요구되었다. 복색의 혁신이 이어서 고깔을 교정하는 데에 이르면서 새로운 전립과 유사하면서도 차이가 있는 형식을 창조해 내었다.

이 점에서 농악의 고깔과 다른 예기무의 고깔과 같은 창조가 필요했다. 정인삼은 전통을 혁신하면서 자진의 바탕과 함께 춤선생의 전통을 아울러서 함께 중시하는 일을 스스로 했다고 하겠다. 자의적인 농악과 예기무의 그것은 서로 준별된다. 전통은 머무르지 않으면서 새롭게 시대를 주도하고 원형적으로 승계해야 한다.

학습된 예기무의 전통에서 이론이 요구되었다. 그것에 의한 핵심은 소박한 전통의 계승이 이루어지고, 춤의 호흡이고, 춤을 이루는 기본적 원리는 소삼대삼의 원리이고, 각양각색의 전통이 아

2004년 정인삼 춤나들이 중, 민살푸리를 연습 중인 제자들의 모습 (수원 경기도 문화의 전당).

좌) 2004년 정인삼 춤 나들이 중 진쇠춤 (수원 경기도 문화의 전당)

우) 2005년 정인삼의 춤나들이 중 소고춤

2004년 정인삼의 춤나들이 중 신칼대신무. 경기문화의전당 소공연장

울러지는 특징을 가지고 있다. 그러나 전통적인 농악에서는 이러한 호흡법이나 전통이 자체로 소중한 것은 아니다. 즉흥적인 것에 일반적인 원리가 적용되지 않는 것과 마찬가지이다.

이치가 이렇다면, 농악의 고깔소고춤과 예기무의 고깔소고춤은 근본적으로 같으면서 다른 것이라고 할 수가 있다. 같기 때문에 한 뿌리에 나왔음이 인정되지만, 다르기 때문에 소박한 것과 화려한 것의 구분이 가능하게 되었다. 둘은 전혀 다른 전통이 아니라 일정한 내적 연관성을 통해서 다양하게 구현된 진리의 결과물들이다.

이상의 논의된 농악의 고깔소고춤과 예기무의 고깔소고춤을 핵심적이고 요체에 의거한 결과물을 요약한다면 이 두 갈래의 고깔소고춤은 다음과 같은 핵심적인 명제문으로 요약된다.

가] 두 가지 고깔소고춤은 근원적 동질성이 있다.

고깔소고춤이라고 하는 점에서 근본적 일치점이 있다. 고깔과
같은 형태의 머리쓰개를 쓰고 추는 춤이다. 또한 손에 소고를 들고
추는 춤인 점에서 다르지 않다. 공통점은 이들이 별난 것에서 유래
하지 않은 근원적 면모의 일치점을 담보한다. 하나의 토양 위에서 출

발하여 다른 도달점이 이룩되었으나 근원적 속성이 여기에 있음이 확인된다. 둘은 일란성 쌍생아와 같은 특징을 구현하기 마련이다.

춤은 여백이다. 신명의 여백을 통해서 구현되는 입체적인 장단의 근간을 우리는 것이다. 춤은 여백의 산물이고, 여백을 어떻게 신명놀이와 예술적 기능으로 가다듬을 수 있는가 하는 점이 대단히 중요한 과제로 된다. 이 점에서 춤, 그 가운데서 한 번도 중심에 서지 않는 고깔소고춤의 중요성을 공질적인 내용으로 하고 있는 대상이 된다.

나] 두 가지 고깔소고춤의 준별적 이질성이 있다.

공질성을 전제로 이들은 근본적 차별성이 있다. 첫째, 집단적인 춤의 일환으로 개별적인 춤의 구현은 철저하게 임의성과 자의성에 의존하는 것이 바로 농악의 고깔소고춤이다. 반면에 예기무의 고깔소고춤은 개인적인 춤의 구현으로 일정한 장단의 순서와 순차적 구성을 특징으로 한다. 이 점이 어긋나면 서로 춤사위나 춤의 본질적인 차이는 존재하지 않게 된다.

둘째, 장단은 농악의 고깔소고춤에서는 자의적인 상쇠가락이나 집단의 가락에 의해서 운용된다. 그러나 예기무의 고깔소고춤은 장단의 배열이 일정한 호흡을 중시하면서 장단의 배열이 존재하고, 연기자의 호흡에 의해서 종속적으로 되는 점이 바로 중요한 특징이라고 할 수가 있다.

셋째, 농악의 고깔소고춤은 일정한 미학적 용어가 정립되어 있지 않고, 동시에 기능과 예능에 대한 일률적 적용이 어려운 즉흥성에 의존한다. 그러나 예기무의 고깔소고춤은 일정한 미학적 근거와 함께 용어의 차이점이 존재하는 것을 볼 수가 있으며, 매우 중요한 특징적인 원리가 체현된다. 그 점에서 농악의 고깔소고춤과 차원이 다른 이유로 된다.

예기무의 고깔소고춤은 저마다의 다른 점을 강조하기 위해서 민복 중심의 농악복색과 치장에서 벗어나서 창조적이고 입체적인 고깔소고춤의 복색은 물론하고 쓰개의 변혁을 필요로 했다. 그것이 단순한 혁신이 아니다. 뿌리 깊은 전통에 입각한 자신만의 일체감을 구현하는 일이 가능했으며, 이로써 새로운 전통을 부각하기에 이르렀다.

장단 속의 과정에서 본다면 이를 분명하게 할 수가 있으므로 이를 정리하여 선명하게 하고자 한다. 정인삼의 고깔소고춤 장단의 배열은 자진머리―굿거리―자진머리―동살풀이―휘모리까지 체계적으로 진행한다. 이 점에서 농악 속의 소고춤이 즉흥적인 것과는 차이가 있다. 동시에 춤의 술어가 분명하다. 김종윤의 책에서 술회한 내용에 의거해서 보면 정형인 선생님께서 고깔소고춤을 춘 사실을 확인할 수 있으며 춤사위의 용어가 있는 것을 볼 수가 있다. 기본적인 것으로 색경보기·나비춤·완자거리·잉어거리·제기북(제기 차듯)·땅치기·판치기 등이 있는데 이는 다른 사람들이 하지 않는 것이다. 또 정인삼의 소고춤은 소고를 들고 서 있을 때 소고가 항상 손 위에 서 있다. 소고가 넘어가서 펴지지 않도록 해서 소고가 살아 있어야 한다는 것이다.

소고는 잉어거리(가락과 손으로 만드는 것)가 있고, 소고의 동작은 완자거리(하체동작)로 나타난다. 완자거리는 완자문을 그리는 것, 잉어거리는 잉어줄을 걸고 가는 것과 같이 달려 있는 것, 떠 있는 것이

좌) 정인삼의 소고춤, 1990
년대 말, 촬영 : 강남대학교
사진과 교수님

우) 전복(戰服)으로 성복한
정인삼의 모습, 1999년, 서
울 도산공원. 촬영:정수미.

므로 이렇게 이해하고 이렇게 가르치고 있다.

　이로써 본다면 정인삼의 고깔소고는 정형인에게서 이은 전통
적인 것이라고 하지 않을 수 없다. 그러면서 단순하게 전통을 이었
다고 하기 보다는 정인삼의 춤은 전통을 혁신하면서 새롭게 전통
으로 자리잡게 한 특징이 있다. 이 점에서 정인삼의 춤 나들이는
민족의 전통 가운데 하나를 잇은 새로운 것이라고 할 수가 있다.

2005 정인삼 춤 나들이

(2005년 11월 5일, 오후 7시, 경기문화의전당 소공연장, 주최.주관: 우리춤보존회, 후원:

경기문화재단, 한국민속촌)

　　　신칼대신무, 정인삼,

　　　바라춤, 천수바라, 양한,

　　　매헌입춤, 이정희

창검무, 안형국, 오인갑, 유근수, 홍성대

설장고, 양한나, 박진주

소고춤, 양한, 유근수, 홍성대

태평무, 손혜영

예기무, 김광숙

승무, 양한, 오인갑, 유근수, 허진광, 홍성대,

진쇠춤, 정인삼.

4. 나의 생애를 돌아보며

내 기억에 어렸을 때 우리 집은 대단히 잘 살았고, 할아버지 5형제와 한 마을에 같이 지내면서 가족과 가정 그리고 집안 등과 더불어 나누며 사는 것을 근본적으로 배울 수 있는 시기였다고 기억한다. 대단한 가문은 아니었으나 가정교육도 충실히 받을 수 있었고 나중에 국가와 민족을 생각하는 씨앗도 유아시절에 생겼으리라 생각한다.

6.25를 겪게 되면서 집이 폭격 맞고, 피난도 가야 하고 어린 나이에 산에서 나무도 해야 하는 가정적으로 아주 어려운 10대를 보냈다.

20대가 되면서 내가 하고 싶은 춤도 추고 소리도 배우고 악기도 배우는 그야말로 내 인생의 '길'이 시작되었다고 할 수있다. 먹고 살기위해 생업현장에 뛰어들어 여러 가지 궂은 일도 하고 구두방도 운영하는 상당히 어려운 생활이었지만, 춤·소리·악기로 채워지는 내 생활의 시야는 점점 넓어지고 있었다.

50세 전후의 정인삼 선생의 모습.

　　33살에 민속촌에 입촌하면서 농악과 세상에 대해서 진짜 공부를 시작했다고 할 수 있는데 당시 나는 끊임없이 '나는 누구냐'라는 질문으로 고민을 했다. 70년대 엄혹했던 사회적인 상황 때문이었겠지만, 이 시기를 시작으로 나는 우리 민족의 주체를 찾는 공부를 20여 년 동안 계속했고, 특히 30대에는 국가와 민족을 위해서 무엇을 할 것인지 나 자신에게 질문하고, 나를 찾기 위해서 동분서주한 시기라고 생각한다.

　　서울대·연세대·고려대·성신여대 학생들을 만나 나의 고민을 함께 토론하고 나눌 수 있었고 이들과 밤을 세워가면서 토론을 하기도 했다. 황선진이나 오용록 교수 등도 이 시기에 인연이 되었다.

　　토론 뿐 아니라 나의 고민을 현장에서 해결하기 위해 여러 어른들을 찾아뵙거나, 농악의 현장을 찾아다녔다. 전국 각지를 돌아다니면서 그 동안 내가 알지 못했던 우리나라의 소리와 농악에 대해서도 많이 배울 수 있는 시기였다. 이렇게 고민하고 분주한 내 모습을 걱정스럽게 바라보시던 어머니께서 '쇠뿔도 각각 염불도 각각'이라며 힘들고 어렵게 민속현장을 찾아다니는 것을 그만두라는 말씀을 하기도 하셨지만 나는 현장에서 느끼는 고민을 쉽사리 떨쳐버릴 수 없었다.

　　춤과 농악을 배우면서 현장의 소중함을 말씀하시던 박금술·

정형인 선생님들이 자신의 자리를 지키며 실천하는 모습을 지켜보면서 우리민족과 우리문화에 대해서 생각하는 마음을 배우게 되었다고 여긴다. 또한 박남석·이명식 선생님들의 올곧은 삶, 예술을 사랑하고 아끼는 그 마음에서 나는 많은 것들을 깨닫게 되었는데, 이렇게 내가 깨달은 것들을 선생님들의 생활철학이나 예술철학이라고 거창하게 말할 수도 있을 것이다. 당시 나의 고민과 활동은 그동안 춤이나 농악을 배워왔던 여러 선생님들께 영향을 받은 것이라고 할 수 있다.

또한 당시에 가장 중요하게 생각했던 활동의 하나가 적극적으로 농악지도를 했던 것이다. 어린 학생들이 우리의 농악을 알고 직접 연행하는 것을 경험하는 계기를 다련해 주기 위해서 주로 고등학교를 찾아다니면서 농악을 지도했다. 이것은 30대에 민속촌에 올라와서 여러 지역 농악의 현장을 찾아다니면서, 이제는 학생들을 가르치지 않으면 농악이 단절된 위기에 있다는 것을 직감하고, 이를 우려하는 마음에서 발동한 것이다. 현장에 청소년이 없는 것이 안타까웠고, 현장에 청소년들을 데려오기 위해서는 그 지역에 있는 고등학교를 찾아가서 그 지역의 농악을 배우고 익히도록 하고자 한 것이다.

배우는 학생 중 1/10이라도 그 마음을 알아주고, 깨닫게 된다면 성공한 것이라는 생각으로 시작한 것이었다. 공주농고 학생들에게 충청도 금산농악을, 연산상고 학생들에게는 충청도 농악을, 김천농고에는 김천농악을 지도한 것은 지역의 농악을 소중히 여기고 지켜야 한다는 내 원칙 때문이기도 했다. 이 시기에 본격적으로 농악경연대회에 출전하는 농악팀들을 발굴하고, 연출하는 이력이 시작되었다. 잃어버린 장단과 판을 찾아서 헤매면서 많은 것을 배우게 되었다.

30대와 40대는 내가 가야 할 길을 고민하고 여러 시도를 했던 시대라고 한다면 50대에는 그야말로 폭넓게 세계 문화를 접하면서 내 길을 완성했다고 볼 수 있다. 50대에 들어서면서 우연인지 필연인지 해외에 있는 다른 민족의 민속을 참 많이 접하게 되었는데 10년 이상을 1년에 한 두 번은 민속페스티벌에 다니면서 세계 민속을 많이 공부한 것이다. 세계를 돌아다니면서 우리 문화와 다른 나라 문화를 비교할 수 있었으니 시각이 성숙해 나갔다고나 할까.

50대 10여 년 동안 다른 나라문화와 유다른 우리나라 문화를 비교하면서, 우리 민족문화의 우수성을 철저하게 느끼게 되었다. 한 마디로 이야기하면 우리 민족은 정서적으로 정신적으로 문화적으로 대단한 민족이라는 것이다.

아무리 슬퍼도 그 슬픔을 기쁨과 희열로 승화시키는 힘이 있는데, 판소리에서 아무리 슬픈 대목이 나와도 추임새로 그 슬픔이 고비고비 넘어가며, 처연한 살풀이를 추면서 춤꾼의 가슴에는 희열이 북받쳐 오르는 것을 보면 알 수 있다.

농악이 가진 힘을 보면 이 지구상에서 농악보다 더 진취적인 음악이 없고, 힘든 일을 하면서 부르는 일노래들은 노동의 능률을 쭉쭉 올리는 엄청난 힘이 있는데 점점 사라져 가는 것이 안타까울 뿐이다.

또 우리 문화는 하는 이와 보는 이가 함께 호흡하는 것이지 분리되어 있지 않다. 궁중음악을 보면 악공들이 음악을 연주할 때 귀

를 기울이면 음악이 들리지만, '김대감·박대감·이대감' 하면 음악은 귀에서 떨어지고 김대감, 이대감하고 이야기하게 된다. 숨죽이고 음악을 들어야 하는 외국 음악의 청취방법과 다르게 우리 음악은 그렇지 않으니 참으로 이 이상의 무드음악은 없다. 요즘처럼 객석과 무대가 분리되어 있어도 '혼신을 다 하면 곧 소통이 된다'고 생각한다. 우리 문화는 보는 이와 하는 이가 같이 호흡할 수 있다는 것을 유럽 페스티벌을 다니면서 확실하게 알고 자긍심을 갖게 되었다.

　나는 원래 천주교 신자이지만 종교를 떠난 지 오래되었다. 종교적이지 않던 내가 60대에 들어서는 종교적으로 변화하였다. 산이나 굿당에 정성을 들인답시고 여기 저기 널어놓은 음식이나 촛불을 보면서 '이 세상에 존재하는 모든 신은 잡신이로다. 예수님도 부처님도 모두 똑같이 잡신이다' '참신은 내 가슴 안에 있다' '절대로 나는 나를 못 속인다'라는 종교철학을 굳힐 수 있었다.

삶을 치열하게 고민하던 30대에는 '4천만 인구 중에 무엇이 되든지 천만 인구는 내가 가르치고 싶다'라는 생각을 했다. 네 명이 모이면 한 명은, 열 두명이 모이면 네 명은 두드리고 놀 줄 알아야 된다고 생각해서 80년대 대학 축제건 학생경연대회건 무지하게 두들기고 연출하고 다녔다.

그런데 세월이 지나면서 염려되는 것은 우리 문화를 배우고 익힌 학생들이 '이것으로 자기 인생의 종지부를 찍겠다 해서 어려운 삶을 살게 되면 그것을 가르친 나는 죽어서 무슨 죄를 다 받을까?'라는 생각이 든다. 그래서 '너희는 한국 사람이니까 당연히 이걸 배우는 거다. 그러니까 이것으로 밥 먹고 살려고 하지 말아라. 그리고 정말 이걸로 밥 먹고 살려고 하면 공부 많이 해야 한다'고 이야기한다.

이제 70이 되어 세상을 바라보면, 인간은 절대로 혼자 살 수 없는 동물이며 더불어 살아야 한다는 생각이 많이 든다. 그만큼 사람이 소중해 지는 것이다. 그리고 여러 사람이 나를 찾고 평가하지만, 주위에서 나를 추대해서 추앙받는 것이 생명이 있지, 내가 나를 내세워서 추앙받는 것은 추앙받는 것이 아니라는 생각이다. 이만큼 성공하고 여러 사람에게 존경받으면 정인삼 70인생 충분하다고 생각한다. 70인생을 돌아보며 남은 인생에 가지고 가고 싶은 감사와 희망을 적어본다.

○ 나는 우리 어머니 아버지 아들로 태어난 것에 감사하고, 대한민국의 국민으로 태어난 것에 정말 감사한다.
○ 나는 죽었다 다시 태어나도 우리 문화와 함께 하는 이 삶을 또 살 것이며,

내가 가르친 제자가 인연이 닿아 나의 스승으로 모시고 배우고 싶다.

○ 남은 인생의 시간은 긴장하지 않는 하루하루였으면 좋겠다. 민속촌에 입촌
   해서 지금까지 하루도 긴장하지 않은 날이 없고, 잠을 푹 잔 적이 없기 때문
   이다.

○ 마지막으로 바라는 것은 나와 인연 맺은 모든 사람들이 잘 살았으면 좋겠다.
   내가 기억하고 아는 모든 사람들이 삶을 감사하며 살았으면 좋겠다는 것이다.

5. 정인삼의 삶과 예술세계

5.1. 정인삼의 주어진 숙명

자신의 길에 대한 신념과 숙명에 대해 철저하게 수긍하는 것이 주어진 인생을 남다르게 한다. 신념은 불굴의 용기를 주고 동시에 험난한 길을 헤쳐 나가는 밑천이 된다. 그러나 신념을 옹글지게 하는 것은 바로 자신의 숙명에 대한 철두철미한 긍정이다. 남에게 가치가 없는 것일지라도 자신의 생긴 모습이 무엇인지 되뇌이면서 이를 긍정하는 것이 바로 인생의 정답을 찾아가는 과정을 준다. 어차피 인생에 주어진 정답은 없다. 오로지 이를 찾아가는 과정이 있을 따름이다.

정인삼은 어렸을 때부터 농악의 신명에 취하였고, 춤의 전통에 일찍이 접신했다. 농악을 보면 좋고 춤을 추면 인생의 근심이 잊혀졌다. 그래서 선택한 이 길에 정인삼에게 주어지는 것이라고는 간난과 고난의 연속이었지만 신명을 공기삼아 춤사위를 너울가지 삼아 자신의 내면에서 우러나오는 소명에 성실하게 응했다. 그래서 농악과 춤에서 남다른 업적을 이룩하고 대중의 사랑을 한 몸에 받을 수 있었다. 정인삼류의 소고춤과 정인삼류의 여타 춤은 우연하게 얻어진 것이 아니다. 한 평생 바친 소중한 결실이다.

이 열매는 달지만 이 열매가 맺혀진 것은 위대한 전통의 토양 위에서 가능했다. 정인삼은 우연히 솟아난 존재가 아니다. 우리 민족의 전통 위에서 점차로 가능하게 이루어졌던 것이다. 위대한 선인들과 만나지 않았다면 도무지 불가능했을 일이 이루어진 것이다.

전통과 만나서 대화하고 위대한 만남을 성취하면서 이룩된 것임을 부인할 수 없다. 그들의 혼을 배우고 그들의 정신을 닮아가면서 싹튼 것이다.

전통은 단숨에 만들어지는 것은 아니다. 전통은 점차로 난숙된다. 눈이 맑은 아이가 전통의 신명에 접어드는 데는 계기가 있으며, 그 부름에 충실했을 때만이 전통의 위대한 문은 슬그머니 열려서 마침내 아이의 온 삶을 지배하기에 이른다. 정인삼의 생애에 있어서 이러한 전통에 대한 계기는 그렇게 왔으며 말로는 잘 해명되지 않는다. 농악이 좋고, 음악이 좋고, 춤이 좋아서 흙바탕에 뒹굴면서 놀았다고 해도 이 근본적 의문은 쉽사리 가시지 않았다. 나중에 오랜 세월이 흐르고서야 그것이 한 평생을 요구하는 것임을 알 수가 있었다.

정인삼의 예술 세계를 온전하게 밝히기 위해서 여러 가지 방법이 필요하다. 그것은 철저하게 객관적 자료에 입각해야 하지만, 일단 그의 생애 해적이를 들어보고 이를 통해서 그가 전수한 춤과 농악의 내력을 추려서 이에 대한 정당한 평가를 하는 것이 긴요하다. 자신의 삶을 구전적으로 정리할 수 있는 총기가 있으면서 동시에 정확한 증거들이 있기 때문이다.

정인삼의 전통적 계보와 그의 예술세계를 밝히는 일은 단순한 일이 아니다. 한 생을 어찌 간단하게 말할 수 있는 것인지 의문이 있을 수 있다. 그만큼 깊이와 부피가 큰 것이므로 이 글이 쉽사리 소통될 수 있으리라 여기는 것은 아니기 때문이다. 그가 말하는 인생의 진실을 담으면서 이를 통해 정인삼의 예술세계에 접근하고자 한다. 다수의 사진 자료와 면담을 통해서, 자료를 확보하고 이를 재배열하면서 얻은 고갱이를 핵심적으로 정리해서 이 글로 갈무리하고자 한다. 현재의 관점에서 이를 정리할 수 있을 뿐이고 이를 보강하는 지속적인 작업이 있어야 마땅하다.

5.2. 전통 춤의 전수 내력

정인삼은 자신의 생애에 가장 충만한 특징 가운데 하나를 춤 전승이라 말했다. 우연하게 입문하게 되었지만, 우리 춤의 정수에 단도직입하는 행운을 누리게 되었다. 정인삼은 정형인으로부터 호남지역의 승무와 살풀이를 전수받았는데, 감수성이 예민한 나이에 철없이 덤벼든 전통 춤이지만 정인삼의 예술 세계를 결정한 핵심적인 대목이라고 하지 않을 수 없다.

우리의 전통적인 예술은 지역적인 특징으로 발전시키면서 고유한 지역적 유형을 강조하는 특색이 있다. 호남의 완제 풍류나 시조 등이 지닌 특성은 이러한 점을 강하게 암시하는 바이다. 춤도 예외가 아니어서 지역적 특색을 갖춘 채 고유한 문화가 발달하게 되어 있다. 정형인을 중심으로 하는 호남의 승무와 살풀이는 이 점에서 매우 중요한 기능을 하는 것이라고 할 수 있겠다.

문화가 샘솟듯이 솟아서 지역적 특색을 갈무리하면서 일정하게 구현되는 것이 지역유형이라고 할 수 있는데, 호남 지역의 승무와 살풀이는 지역적 특색을 알심이 있게 문화적으로 난숙을 이루었다. 그 중심에 바로 정형인이 있으며, 정형인은 내력이 깊은 문서속을 갖추었다고 해도 과언이 아니다. 구전으로 전하는 바의 호남 승무와 살풀이의 내력을 재구하면 다음과 같다.

```
                    *정자선
                      |
                    *정형인
                      |
    *정소산  장월중선  *박금슬  오화진  *정인삼
```

    정자선은 전라도 정읍 권번에서 악사 노릇을 하면서 이들을
가르쳤던 인물이다. 전하는 바에 의하면 백제 상궁의 후손이라고
한다. 호남 지역의 유명한 춤사위를 독자적으로 전승하고 개척한
인물로 알려졌으며 더불어 이들 춤을 일정하게 창조적이고 적극적
으로 계승한 자로 널리 알려져 있는 인물이다.

    정자선의 춤사위가 바로 경기도 재인청의 한성준과 그 동배인
정형인에게 전승되었는데, 정자선의 아들이 바로 정형인이다. 정형
인은 부친의 춤사위를 올곧게 전수하면서 이를 세상에 널리 알린
인물이다. 우연한 계기로 이러한 춤과 춤사위가 전주농림고를 통
해 정인삼에게 전수되었다. 그러므로 정자선에서 정형인으로, 다시
정형인에서 정인삼으로 춤의 전통이 이어질 수 있게 되었다. 정자
선의 춤과 춤사위가 정인삼에게 고스란히 전승되었을 가능성이 있
다. 이 점에서 정자선의 전라도 승무와 살풀이는 깊이 각인되어 전
승되기에 이르렀다.

    정소산은 정자선이 가장 으뜸 제자로 꼽았던 인물인데 대구의
기녀 출신이다. 그런데 26세 경에 헤어져 서울로 올라간 뒤에 연락
이 두절되었던 인물이며, 정자선이 이에 대해서 자신이 죽게 되면
소산이뿐이라고 하면서 아꼈던 인물로 평가된다.

    정형인은 한성준과 동년배의 인물로 전주에서 후학을 가르친

춤꾼으로 널리 이름을 얻었다. 정형인이 서울에까지 이름을 날려서 박귀희와 같은 인물이 찾아와서 서울국악예고에 강사로 초빙하고자 했으나 전주를 떠나지 않겠다고 하면서 단호하게 이를 거절한 일화는 유명한 고전이 되었다. 승무와 살풀이를 추는 인물들이 정형인을 비롯해서 많이 있지만 가장 선명하고 분명한 가닥을 기록하고 동시에 유파를 오롯하게 이룩한 인물이 바로 정형인이다.

정형인에게 춤을 사사받은 인물이 여럿이 있다. 가령 위의 도표대로 본다면, 장월중선, 정소산, 박금슬, 오화진 등이 그러한 인물에 해당한다. 장월중선은 판소리나 춤으로 이름을 얻은 인물이다. 박금슬은 동경 일본여자전문대학 상과를 졸업하고, 일본 춤의 전위적 활동가들을 배출하였던 이시이 바쿠(石井幕) 무용연구소를 졸업하고, 국내에 돌아와서 춤만을 전문적으로 전공한 인물이다. 오화진은 달리 오숙자로도 불렸는데 부잣집의 딸로 무용에 재주를 보였던 인물이다.

정인삼은 정형인에게 정통으로 호남의 승무와 살풀이를 배웠다. 정인삼이 춤과 춤사위를 배운 내력의 도달점이 결국 정형인을 중심으로 하는 이 유파의 춤 특징과 연관이 있을 것으로 보인다. 따라서 정형인의 춤 계보 특징을 상세하게 정리할 필요가 있다.

첫째, 호남 지역의 독자적인 특성을 가지고 있는 춤이라고 하는 점이 주목되어 마땅하다. 승무와 살풀이라고 하는 춤의 전통을 이으면서 이를 구체적으로 지역화하는 성격이 일부 존재한다. 정형인에게 배운 모든 제자들의 춤에서 이러한 면모가 발견되는 것은 지역적 특색을 근간으로 하면서 이들의 춤이 전승되고 발현되었음을 증거한다.

둘째, 이 지역적 특색은 정형인 유파만이 독자적으로 간추리게 되는데, 그것이 바로 정과 동의 근간을 정리하는 특성을 갖추고 있다는 것이다. 그 특성은 염불–굿거리–타령 등의 상관성을 명확하게 하면서 정에서 동으로 이행하는 춤의 본체와 작용을 분명하게 하는 것이라 할 수 있다. 그러한 점은 후대의 자료집과 같은 데서 춤의 틀을 굿거리 중심으로 가지고 가는 것과 명백한 차이를 가지고 있는 점이다.

염불의 정적인 춤을 중심으로 정적인 근간을 세우고, 굿거리의 춤을 다양하고 아련하게 갖추면서, 타령으로 격정적인 동작과 여운을 주는 것이 이 춤사위의 근간이라고 하지 않을 수 없다. 동정호근(動靜互根)이라고 하는 말이 있다. 춤이 정적인 데 머물러서 생성되고 다시 이것이 동적인 것으로 옮아가면서 완성되는 것이고, 정적인 데로 다시 회귀해야 한다. 정형인의 춤은 이러한 점에 엄격함과 근간을 갖추고 있음이 드러난다.

셋째, 정인삼은 정형인의 춤을 전수받는데 그치지 않고 이를 발전시키는 여러 가지 계기가 있었다. 그러므로 정형인의 춤은 도달점이 아니라 새로운 기폭제이고 정인삼의 춤을 새롭게 발전하는 계기가 되었다. 그것이 바로 여러 가지 춤을 익히는 계기로 작용한다. 정인삼이 익힌 춤의 내력은 정형인의 춤에 근간을 두고 초다짐을 하였다면 이를 근간으로 새로운 춤을 익혀 나가게 된다.

그렇기 때문에 정인삼의 춤 선생님은 여럿이 더 있었다. 가령 박금슬, 이동안 등의 춤이 그것이다. 그러나 더욱 근간이 되는 것은 바로 농악의 춤이다. 무악(舞樂)의 동원설을 굳이 거론하지 않는다고 하더라도 이들의 상관성은 여러 가지 차원으로 강조해도 지나치지 않는 것이라고 할 수가 있겠다. 자신의 전통에서 다져진 승무와 살풀이가 근간이 되면서 이러한 전통 속에서 새로운 차원의 비약이 가능했다.

　정인삼이 익힌 다양한 춤의 간개를 통해 그의 춤 내력을 소개하면 우선 발탈의 예능보유자였던 이동안에게서 〈신칼대신무〉와 〈진쇠춤〉을 전수받았다. 이동안 선생 사후, 이동안 선생의 제자인 경기도 무형문화재 정경파 선생으로부터 꾸준히 사사받아 호남지방의 호남승무와 살풀이, 소고춤, 상쇠춤, 설장구춤에 이어 경기지방의 신칼대신무와 진쇠춤까지 이어받은 영원히 노력하는 당대의 춤꾼이다. 호남의 전통 위에 경기도의 전통이 합쳐졌으며, 농악무의 전통과 무악무의 전통이 아울러졌다.

5.3. 농악의 전수 내력

　정인삼의 생애 본질 가운데 하나는 바로 농악의 전승에 있다. 그를 따라다니는 '농악의 대부' '농악의 올곧은 계승자'라고 하는 수식어는 헛된 말이 아니다. 특히 우도농악의 전통 속에서 이룩된 그의 삶을 보면 우도농악의 대변자이자, 우도농악의 증언자라고 하는 각별한 명칭이 새삼스러이 필요하다고 여겨진다. 정인삼은 잠재적으로 어렸을 때부터 농악의 일상에 깊이 젖어 살았다. 그것은 출신지인 전북 임실군 강진면 백열리에서 두레농악을 하고 실제로 그곳에 이루어진 마당밟이와 같은 것을 체험한 데서 이러한 전통을 확인할 수 있었기 때문이다.

　그러한 사정은 정인삼의 전주 살이에서도 이어졌다. 정인삼을 풍부하게 만들었던 전주의 풍류적 정서를 통해서 잠재적 의식은 켜를 두텁게 했을 개연성이 있다. 전주에 살면서 경험한 여성국극단의 체험과 여러 가지 전통예술을 접하는 과정에서 농악은 항상 부속품처럼 따라 다니기에 이르렀다. 농촌이었던 강진면과 달리 전주에서는 농악의 도회지화된 전통과 함께 도회지에서 일련의 농악에 대한 놀이가 이루어졌던 점이 각별하다고 할 수가 있다.

정인삼이 본격적으로 농악에 입문하게 된 것은 전주농림고와의 인연 때문이다. 전주농고의 교장인 강용구선생님이 전주농고의 학생들 정서 교육을 함양할 목적으로 농촌예술반을 창설하고 그 안에 삼현부와 무용부를 만들고, 무용부에 창악부와 농악부를 만들었다. 정인삼은 이 농촌예술반에서 능악을 연주하고 이를 체험함으로써 잃어버린 전통에 대해서 자각하게 되었다. 전주농림고 학생들이 서울에서 공연을 하자, 국악계의 전통적인 예인들인 박귀희, 김소희, 손용배 선생 등이 전주농림고의 행적에 대해서 높게 평가하였다.

정인삼이 더욱 농악에 대해서 깊이 자각하게 된 소중한 계기는 1965년에 전주농림고가 주축이 되어서 이들과 함께 민속경연대회에 참여하게 되었던 것이다. 도대표로 발탁되면서 본격적인 연습을 하게 되고, 그 과정에서 전주농림고를 도우면서 우도농악의 명인들에 대해서 깊이 감화를 받게 되었기 때문이다. 정인삼의 농악 전승에 실질적인 도움을 준 인물들은 여럿이 있지만, 이 가운데서 긴요한 인물들을 들면 다음과 같이 되어 있다.

현판쇠−이명식−박남석(식)−전재성−한판옥−김병섭
|
정인삼

　　현판쇠(玄判釗)는 오래된 인물이었다. 우도농악의 아주 오랜 기억을 환기하게 한 인물이다. 이 인물은 1898년에 태어난 인물로 전라북도 김제군 불량면 신두리가 출생지이다. 농업에 종사한 인물인데, 그의 나이 25세 무렵부터 김도삼(金道三)에게 쇳가락을 전수받았다. 김도삼의 가락은 그보다 윗대인 박만풍에게 전수받았는데, 이들 가운데 여러 제자들이 나왔다고 전한다. 김도삼은 김제의 자연마을인 고래실에 살았던 인물로 그의 제자로는 현판식, 백남길, 이막동 등이 더 있었다고 한다.

　　이명식(李明植)은 1912년에 전북 정읍군 영원면 장자리에서 태어난 인물로 이진사의 아들로 알려져 있다. 인물의 생김새가 준수하고 장구가락이 탁월했던 인물로 널리 알려져 있던 사람이다. 20세 무렵에 부안의 상쇠인 김바우의 아들인 김대근에게 장구를 배웠으며, 이 김대근은 김홍집의 장구 가락을 전승한 인물이다. 30세 무렵에는 정읍농악단의 김광래패에서 여러 인물과 더불어서 농악을 연행했다. 전이섭, 전사섭, 전홍근, 정오동, 김방현, 이봉춘 등과 더불어서 농악을 연행했다.

　　박남석(朴南錫)은 달리 박남식(朴南植)으로 되어 있다. 이 인물은 1918년에 전라북도 부안군 줄포면 우포리 감동에서 태어난 인물이다. 직업으로 농업을 했던 인물인데, 서당에 다녀서 유식한 일면이 있었던 인물이다. 박남석은 14세부터 김바우에게 쇳가락을 사사받

정인삼의 활동은 개인적인 농악활동의 차원이 아닌 교육과 문화활동까지 다양한 영역에 걸쳐 이루어졌다. 그러한 정인삼의 활동이 인정되어 한국문화단체총연합회에서 주최하는 제21회 예총예술문화상에서 대상을 수상하는 영예를 안게 되었다.
2007.12.17. 프레스센터.

아 우도농악의 진수를 흠씬 풍기는 인물이었다.

전재성(全在成)은 1897년에 전라남도 장성군 황룡면 필암리에서 태어난 것으로 알려져 있으나 사실 그의 고향은 정읍이고 전도성(全道成)을 부친으로 하고 있다. 직업은 농업이었으며 정읍에서 장성으로 이주하였다. 전재성은 김도삼에게 농악을 사사하였으며, 주된 기량은 대포수 노릇을 하는데 집중되어 있음이 확인된다.

김병섭(金炳燮)은 1921년 전라북도 정읍군 덕천면 달천리 용곡 출신으로 농업에 종사했던 인물이다. 17세부터 김학순에게 장고와 판소리를 했던 인물인데, 그 인물에게 바로 장고를 배웠던 인물이다. 설장구의 명인으로 이름을 얻었던 인물이라고 할 수가 있다. 김병섭은 어린 나이에 이미 장구의 명연주자로 이름을 얻고 크게 활약했던 인물이다.

이밖에도 정인삼에게 다양한 전승 복합을 있게 한 인물로 여러 인물이 더 있다. 가령 한국민속촌농악단을 중심으로 농악보존회의 여러 가지 기념 공연을 했던 인물들인 신기남, 이동원, 전사종, 전사섭, 전경환 등이 그러한 인물에 해당한다. 이 인물들의 상세한 자료는 다른 곳에서 소개되어 있으므로 이로 미루기로 한다.

전주농고가 전라북도 농악의 대표로 발탁됨으로써 결과적으로 우도농악의 본령을 접수할 수 있었으며, 전승과 연행에 일정한 활기를 부여했음이 사실이다. 정인삼의 농악 근본을 일깨우는 우도농악의 전판을 바로 이때 인식한 덕분이다. 당대의 여러 전수자들이 있었는데 대체로 두 세대의 유명한 농악명인들과 접함으로써 단숨에 전통의 본질에 다가설 수가 있었다. 이 점에서 전주농고의 농악은 정인삼의 일생에 깊은 각인을 남기었다.

우도농악의 전통과 만났다고 해서 그 자체로 일거에 완성된 길로 들었던 것은 아니다. 농악에서 기량을 익히고 재주를 가다듬는 것이 쉬운 일은 아니었기 때문이다. 그의 농악 예능에 깊은 정신을 가져다 준 것은 바로 우도농악이었지만 전통을 자각하고 기본적인 기량을 익히는 정도에 그쳤었다. 이제 이러한 전통에 입각해서 본질적인 수행과 탐색이라고 하는 길이 다시 남아 있었다.

그렇게 하는데 있어서 정인삼의 길은 여전히 험난하고 더딘 길이었음을 누구도 알 수 없었다. 농악의 명인을 정신적으로 계승하면서 이들의 길을 찾아나서는 일을 해야 하지만 인생이 이러한 길만 허락하는 것은 아니었다. 인생의 쓰라린 패배까지도 어쩌면 농악의 전수에 밑거름이 되었다고 해도 지나친 말이 아니다. 전통은, 온몸으로 전부를 투자해야 함을 요구하였다.

그의 나이 33세는 여러 모로 깊은 위안을 가져다준 해이기도 하다. 농악의 전수를 위한 운명이 그에게 다가온 결정적인 계기가 되었다고 해도 공연한 말이 아닐 것이다. 한국민속촌 농악의 전통성을 부여하고 동시에 이 농악단의 핵심적 계보를 완성해야 하는 임무가 주어졌기 때문이다. 농악의 전통을 부여하고 이를 탐색하는 임무가 새로이 생긴 것이다. 이러한 점에서 우도농악의 실체를 근원적으로 찾는 과정이 시도되기에 이른다.

일단 우도농악의 전통이 심각하게 단절위기에 봉착했다고 하는 외적 상황이 문제였다. 농악의 많은 명인들이 뻗을 전통의 자리를 구하지 못한 채 사라지게 되었다. 농악의 명인들과 함께 농악이 사라지는 것은 구전심수의 과정을 가지고 있는 농악에서 불가피한 일이 되었다. 그러한 전통을 어떻게 보존하고 이어갈 것인지 깊은 고민 속에서 정인삼은 농악의 전승을 보존하고 이어가야 할 책무를 강하게 환기한 셈이다.

농악의 명인을 불러 모아서 이들에게 실연의 기회를 부여하는 것은 이들에게 매우 중요한 계기가 되었을 뿐 아니라 민속촌농악단에게도 고마운 일이 된 셈이다. 동시에 이들에게 직접 가락, 판제, 가림새를 익히게 한 것은 그러한 점에서 인상적인 일이 될 것으로 보인다. 농악을 전수하는 작업으로 박차를 가하던 시절에 전체를 보고, 잃어버리고 사라지는 것들을 복원하는 일이 필요하게 되었다.

모르고 배웠던 시절을 지나 이들의 전통을 이어야겠다고 하는 다짐은 전혀 다른 차원의 것이었음을 알 수가 있겠다. 이 점에서 전통은 새로운 차원의 비약이 가능하게 되었다고 해도 지나치지 않다. 전수에서 전승과 보존으로, 학습에서 창조로 전환되는 중요한 계기가 주어졌다고 하겠다.

5.4. 정인삼의 삶, 헤적이기

정인삼의 생평은 농악으로 얼룩져 있다. 이 얼룩은 우리 민족이 잃고 있는 그 무엇이다. 마치 전생에 예정이라도 되어 있듯이 마음의 깊은 표시를 가지고 이 세상에 나들이를 나왔다고 하는 점을 지울 수가 없다. 생의 전체가 굿나들이와 춤나들이로 영롱하게 아롱진 자취를 보여주고 있음이 확실하다.

한 평생이 오롯하게 농악과 무용과 더불어서 아우른 진정한 것이었다. 농악과 무용이 아니었다면 남다른 길을 갈 수 있었을지 모르지만, 우리 민족의 희망이 저 낮고 어두운 우리 전통예술 속에 웅크려 도사리고 있는 점을 간파하고 이를 위해 한 평생을 바친 인물이라고 해도 지나치지 않다. 숙세에 걸친 인연의 실타래가 이러한 모습으로 기왕에 프로그래밍되어 나타난 결과이다.

살면서도 어쩌지 못한 삶이 있다. 가난과 고난이 겹쳐져 내려도 무엇인가 자신의 삶을 이끄는 것이 있음을 우리는 쉽사리 직감하게 된다. 그것에서 우리는 진정한 삶의 가치를 부여하고 새로운 것을 향해서 나아가는 희망이라고 하는, 낯익어서 더욱 새로운 길을 찾게 된다. 정인삼의 삶은 그러한 생의 유전과 예술의 보람으로 아로새겨져 있다.

1) 정인삼의 연행자적 면모 1: 농악연행자

정인삼은 농악연행자로서 탁월한 면모를 갖추고 있다. 정인삼이 이끄는 민속촌농악단의 공연을 보게 되면 정인삼의 전통적인 농악연행자적 면모가 무엇인지 명확하게 알 수가 있겠다. 우도농악의 사라진 판제와 가림새, 그리고 진풀이가 바로 여기에 모두 오밀조밀하게 도사리고 있다. 사람들이 전통적인 농악을 보고자 한다면 바로 여기에 있는 농악의 판굿을 보아야 우리가 그토록 애닯게 찾고자 했던 전통의 긴밀한 면모를 여기에서 확인할 수가 있다.

가락이 엇가락으로 이루어지는 면면을 여기에서 찾을 수 있다. 상쇠와 부쇠가 각자의 가락을 연주하면서 엇나가도 가락이 풍성하고 신명을 일깨우는 기막힌 조화를 여기에서 만날 수가 있기 때문이다. 상쇠가 진정한 맛을 내는 것이 바로 쇳가락이다. 현재 우도농악에서 맛을 내는 것이 부포놀이에 있다고 하는 것은 시각적인 맛만을 추구하는데 있는 것이다. 오히려 사람의 신명을 뒤흔드는 것은 상쇠의 쇳가락 솜씨이다. 소곤거리면서도 남의 가락을 절대로 잡아먹지 않는 기막힌 쇠의 조합을 이 농악단에서 발견할 수 있다. 그것은 정인삼이 터득한 진정한 면모라고 할 수가 있으며, 이 농악단에서만 오롯하게 이어가고 있다.

진풀이 가운데 쇠잽이들이 쇠를 엎어놓고 치면서 삼방울진을 만드는 과정이 있다. 이러한 과정은 다른 우도농악에서 만날 수 없다. 이것이 이른바 일광놀이이다. 다른 데서 사라져버린 것을 현재에도 연주하면서 이룩하고 있는 것을 이처럼 선명하게 보여주고 있는 셈이다. 전통을 잇고자 하는 결단이 이러한 진풀이의 고수로 나타나고 있다.

　정인삼의 진정한 연행자로서의 면모는 정인삼이 독자적으로 고수하고 있는 고깔소고춤이다. 채상소고의 전통이 우세하고 이 때문에 이제는 서서히 소멸 위기에 봉착하고 있는 것이 바로 고깔소고이다. 어깨에서 흘러내리는 춤사위를 중시하고 윗놀음을 위주로 발달하면서도 독자적인 멋을 아울러내는 것이 바로 고깔소고춤이라고 할 수 있다. 정인삼은 우도의 고깔소고춤을 고풍스럽고 알심 있게 맛을 우려내는 존재이다.

2) 정인삼의 연행자적 면모 2: 무용연행자

　정인삼은 이 시대의 춤꾼이다. 춤꾼의 다양한 면모가 있는데, 그 가운데 핵심적으로 드러나는 것은 고깔소고춤, 승무, 살풀이 등의 전통적인 품목과 함께 이동안으로부터 사사받은 신칼대신무, 진쇠춤 등이다. 농악의 전통적인 춤에서부터 무악의 전통까지 두루 곁들였다. 한 종목에 머물러서 외진 종목으로 이르지 않고, 두루 섭렵한 것이다. 그래서 한쪽으로 기울지 않는 원융한 다면적인 면모를 구성하게 되었다고 해도 지나치지 않는다.

　여러 사람에게 전수받았지만, 이미 한 세계를 터득한 것이라고 할 수가 있다. 정인삼의 독창적인 고깔의 면모는 우도농악의 전통 속에서 익고 우러난 작품이자 이미 한 시대의 유행으로 창조되었다. 게다가 정인삼의 고깔춤은 여러 사람에 의해서 모방되고 창출되는 면모를 구현하였다. 그런 점에서 정인삼류의 고깔소고춤은 예술세계에서 널리 이름을 얻었다고 하겠다.

정형인에게 이어받은 승무와 살풀이 역시 한 세계를 얻었다. 호남지역의 독창적 세계를 유지하고 있는 것과 아울러서 가장 고풍스럽고 전통적인 춤을 보유하고 있는 갈래를 이은 것이 바로 정인삼의 승무와 살풀이라고 할 수가 있겠다. 정자선–정형인–정인삼 등으로 이어지는 춤의 전통은 위대한 세계의 지속이자 변천이다.

이동안과 정경파에게서 이어받은 경기도 재인청의 여러 춤 가운데 신칼대신무와 진쇠춤은 매우 독창적인 것이라고 할 수가 있다. 본디 재인청의 춤은 독자적인 음악을 유지하면서 궁중과 경기도의 토박이 장단과 가락이 합쳐져 있는데 이를 기초로 해서 퍼져나간 것이 이들의 춤이라고 하겠다.

신칼대신무는 경기도의 도당굿에서 우러나면서 파생된 것이다. 굿에서 사용하는 신칼과 유사한 신장대 또는 성주대와 흡사한 것으로, 약 70cm 정도 대나무를 쪽을 내어 곱게 다듬고 위 끝은 칼끝처럼 뾰족하게 다듬었다. 긴대의 양면에는 한지를 약 20cm 정도 넓이로 잘라 너울가지를 소담하게 둘러매는 것으로 이를 양손에 들고서 춤을 추는 것을 말한다. 장단은 삼현 육각에 부정놀이 장단, 중모리장단, 엇모리장단, 살풀이장단, 터벌림장단, 덩덕궁

정인삼의 진쇠춤

이 장단을 치면서 구음이 곁들여지고, 복색은 흰 두루마기에 남색 쾌자에 갓을 쓰는 것이 특징이다.

진쇠춤은 고을이나 나라에 경사가 있을 때 궁궐에서 만조백관을 불러 모아 향연을 베풀며, 왕이 각 고을의 원님들을 불러 춤추게 하였다는 데서 비롯되었다. 이 때 원님들이 쇠를 들고 춤을 춘데서 유래되었다. 진쇠춤의 복색은 무관복 차림으로 하고, 꽹과리 채 끝에 오색으로 만든 너설의 포를 달아 꽹과리를 치면서 추는 춤이다. 춤사위가 매우 남성적이며 독특하다. 장단은 진쇠라고 하는 독창적인 가락을 사용하는데 이 장단에 맞추어 굳세고 힘찬 춤을 선보이는 것이다.

경기도도당굿의 장단은 장단 속이 복잡하고 장단이 집을 지어나가는 특징이 있는데 이에 따라 춤이 교묘하고 춤의 장단 속이 풍부하고 엄격한 것이 특징이다. 정인삼의 춤은 이러한 어려운 과정을 모두 이수하고 자신만의 독창적인 세계를 구현하고 농악무와 무악무의 세계를 합쳐놓은 특징이 있다. 경기도와 남도의 전통이 합쳐져서 장단 속을 그윽하게 메꾸는 정인삼의 춤은 한 세계를 얻었다고 할 수 있다.

3) 정인삼의 현장민속가적 면모

정인삼의 탁월한 탐구심은 민속현장가로서의 면모로 이어졌다. 현장에서 훌륭한 제보자를 만나고 근기가 수승하게 되면, 이러한 현장이론가의 모습을 갖추게 된다. 동시에 현장에서 다양한 정보를 수집하고 이를 창조하고 활용을 할 줄 아는 식견을 지녔다. 그래서 한 마디로 정의하기 어렵지만 현장민속가로 규정해도 흠이 없는 걸맞는 특징을 갖추고 있다. 정인삼의 현장민속가적 면모는 여러 가지이다.

일단 현장의 민속을 발굴하는 발굴 전문가의 면모를 보이고 있다. 아무나 전문가를 만날 수 있는 것은 아니다. 오랫 동안 전통에서 몸담고 있어야만 이 제보자나 인물들이 독특한 특색을 가지고 있다는 것을 알 수가 있다. 정인삼은 일찍이 위대한 전통가들과 만났다. 우도농악의 명인들을 비롯해서 동시에 정형인과 같은 큰 산봉우리를 만나자 무엇이 진정한 전통적 제보자인지 알 수가 있게 되었다.

발굴의 책임만을 가졌다면 이들의 자료는 금방 굳어졌을 것이다. 문제는 이러한 발굴에 입각해서 이를 현장에서 재창조하는 원리를 갖추게 되었다. 그것이 바로 현장에서의 발굴과 새로운 창조적 지혜를 합치는 것으로 나아가게 할 수 있었다. 전통을 발굴해서 이를 새로운 것으로 옮겨가게 하는 특출한 능력이 있었다. 이를 우리는 현장의 기획가와 연출가라고 하는 이름으로 분명하게 할 수가 있다.

전통을 가져다가 이를 활용하고 함께 구현하는 능력이 아무한

1994년, 대전 제35회 민속예술경연대회. 대전 부사동 칠석놀이를 연출하면서 출전 기념으로 촬영한 사진이다. 대통령상 수상.
대전의 부사동 칠석놀이는 부사동에 전하는 전설을 바탕으로 만들어진 놀이다. 원래 백제와 신라의 싸움에 관한 전설로, 그 설화의 주인공인 부용이와 사득이의 사랑이야기와 관련한 샘이 그 흔적으로만 남아 있어서 고증이 풍부하지 못하여 복원이 매우 우려운 연출작품 중의 하나였다. 정인삼 선생은 사진에서처럼 연출을 하다가 출연팀 속에 자연스럽게 들어가기 위해서 가끔은 출연자들과 같은 옷을 입고 동참 한다고 했다.

테나 있는 것은 아니다. 그런 점에서 정인삼의 현장에서 얻은 경험은 새로운 세계를 일구는데 있어서 긴요한 구실을 하게 되었으며 이론과 실제, 경험과 창작을 모두 아우르는 능력을 갖추고 있는 점이 확인된다. 전통을 새롭게 이으면서 변형하는 창조력이 있음이다. 그런 점에서 정인삼은 전통의 혁신자라는 면모를 가지고 있다.

4) 정인삼의 기획연출가적 면모

현장에서 얻은 노다지를 가공해서 이것을 일정한 무대나 공연의 현장에 올릴 수 있는 능력을 갖춘 일생의 자취 역시 정인삼에게 있었다고 해도 과언이 아니다. 정인삼은 전국민속경연대회와 전국학생풍물경연대회 등 현장을 재연하는 무대에서 현장에서 발굴한 민속팀을 연출하고 기획하여 대회에 입상한 경력을 많이 보유하고 있다. 이러한 능력을 우리는 기획연출가적 면모라고 이름할 수 있다.

숱한 대회와 경연에 입각해서 철저한 원칙을 가지고 있는 것은 앞에서 말한 바와 같다. 현장에서 발굴한 대상을 철저하게 분석하고, 이 대상이 빛나는 예술품으로 전환하는데 미학적 감각과 함께 지휘 능력을 남다르게 가지고 있음을 우리는 볼 수가 있다. 대상이 되는 작품의 핵심을 꿰뚫고 이를 집약해서 관객의 흥미와 신명을 새롭게 변화할 수 있는 관점이 개입하면서 대상은 새로운 예술품으로 거듭나게 된다.

현장에서 공연무대로 전환하는 경연대회의 특성상 이러한 연출은 불가피한 일이다. 이를 비판적으로 보는 입장도 있을 수 있지만, 대상이 지니고 있는 특성과 경연대회의 특성상 이러한 공연무대의 연출은 대상의 특성을 변화시키는 새로운 차원일 수 있다. 충실한 원형의 제고와 함께 무대예술로서의 응집력을 도모하는 것은 그다지 나쁜 일이 아니기 때문이다. 대상의 특징을 집약하고 기획하는 일에 새로운 모험이 불가피하게 담겨 있다.

장대한 시간과 함께 일상에서 이루어지는 체험이었던 대상이 이제 하나의 완성된 예술품처럼 시간적 제약과 체험을 압출해서 새로운 작품으로 태어나게 해야 하는 책무를 성실하게 수행한 셈이다. 그러한 점에서 시대를 읽는 정인삼의 능력은 탁월한 것이었다. 현장에서 갇힌 민속예술이 아니라 무대용으로 발전하고 변화하는데 기획연출력은 단단하게 한 몫을 하게 되었다.

5) 정인삼의 전통예술지킴이적 면모

정인삼의 생애는 전통문화예술을 지키는 지킴이었다. 현장에서 기량을 닦은 농악과 무용의 훌륭한 연행자이므로 전통적인 예술을 지켜나갈 수 있었다. 다른 인물들이 하나만 하기에도 벅찬데 음악을 매개로 하는 농악과 행동으로 구현하는 춤, 양대 산맥을 하나로 응집하여 민속예술의 충실한 연행자가 되었다. 그래서 가장 고형의 우도농악과 전라도 승무와 살풀이를 한데로 합친 점을 역력하게 볼 수가 있다. 우도농악의 명인에게서 얻은 재주와 예술혼을 후대에게 물려줄 수 있게 되었다. 정형인에게서 비롯된 춤을 이어받아 새로운 연행자들에게 지속적인 연마를 하게 함으로써 무용가의 예술세계를 계승하는 위업을 달성했다. 그래서 현장의 충실한 연행자로서의 면모를 구현하였다.

동시에 한국민속촌농악단을 통해서 우도농악의 체계적 전승과 학습을 주도했다. 철저한 농악의 원형을 발굴하는데 주력했다. 일단 우도농악으로 한정된 것이지만, 우도농악의 명인들이 행한 여러 가지 농악의 원형을 충실하게 조사하고 학습함으로써 민속촌농악을 우도농악의 정착지로 확고하게 자리매김 하였다. 아울러서 전국적인 농악의 체계적 파악과 정착을 위해서 여러 지역의 농악을 탐구하고 학습하려고 힘썼다.

문화는 원형 보존에만 치중해서 완결되는 것은 아니다. 이러한 원형적인 농악이 새로운 시대에 다시 소통될 수 있도록 이 원형적 전승과 함께 창조적으로 재정리하는데 깊은 관심을 가지고 문화의 원형과 창조라고 하는 화두를 들고서 작업을 하였다. 우도농악의 이해와 기반 위에서 이를 새롭게 활용하면서 다른 지역의 농악 이해에도 깊은 관심을 가지게 되었다. 그래서 이해의 판도를 다지고 전국적인 농악의 전통이 무엇인지 살피고자 했다.

전통문화의 지킴이 구실을 하기 위해서 각별하게 개척한 작업 가운데 하나가 미래의 전통농악 전수를 위해서 힘을 썼다고 하는 점이다. 그것은 바로 농악을 고등학교에서 정착하도록 힘쓴 대목에서 증명된다. 전국적으로 유명한 농고나 상고를 중심으로 하는 농악전수와 교육에 힘을 보탠 것이 바로 정인삼의 주요 작업이었다.

이 시대는 영혼이 없는 클릭의 시대이다. 우리가 사는 이 시대는 예전에 가족이 형성되기 이전에 동물이 무섭고 밤이 두려워서 화톳불을 피우고 거기에서 서로 정감을 주고받아 오순도순 이야기를 하던 시대는 결코 아니다. 현재는 컴퓨터와 스마트폰으로 접속하여 알고 싶고 궁금한 지식을 검색하면서 세상을 사는 것으로 착각을 일으키는 시대가 되었다.

불과 1950년대 헐벗은 시대 뒤에 50여 년의 세월이 흐른 뒤에 우리는 연결과 초연결의 시대에 살게 되었다. 연결로 그치지 않고, 세계의 모든 인구와 서로 접속하게 되었다. 그래서 초연결의 시대가 되었다. 트위터(Twitter)와 페이스북(Facebook)으로 대표되는 의사소통이 과연 우리를 행복하게 할 수 있는가? 아무 것도 장담할 수 없다.

트위터의 주제 중심적 사고와 팔로워들이 이룩한 세상에서 농악이 자리매김될 수 있는가? 단발적인 주제 정보로 농악의 명인이라고 해서 이름값을 할 수 있는 것 같지 않다. 아예 관심조차 없는 것이다. 페이스북의 관계중심적 사고로 따뜻한 감성을 가진 관

1987년, 경기도 문화상 수상, 모친과 함께.

계를 유지할 수 있는가? 농악이 이 관계에 비집고 들어갈 틈바구니는 없다. 그것의 대상으로 농악은 정보화의 산물도 정보도 될 수 없기 때문이다. 사회적 관계망의 체계(Social Network Service)에서도 농악은 예외적인 존재이다.

　이제 농악은 시대의 부적응아이자 시대에 걸맞지 않는 과거의 존재에 불과할 뿐이다. 과연 그런가? 우리가 사는 시대는 영혼이 없는 클릭만이 종횡무진할 따름이다. 서로를 뜨겁게 할 수 있는 소인이 필요한데 이러한 연결통로를 점점 상실당하고 있다. 그러면 우리는 어떻게 할 것인가? 그밖에 대안이 없으므로 이것을 단절하고 살 것인가? 그러나 무엇이 우리를 그립게 하고 행복하게 하는지 이를 생각해야 한다. 그러한 생각의 혁신적 전환만이 우리를 좀 더 값지게 할 수 있을 것이다.

농악과 춤은 우리를 뜨거움으로 작렬하게 하고 온통 신명으로 넘쳐나게 하는 특징이 있다. 사람과 사람이 땀을 흘리고 난장판에서 함께 어울릴 수 있는 깊은 하나 쇰이 있다. 그 시대의 산물을 우리는 면대면(Face To Face)의 시대라고 이를 만하다. 얼굴을 맞대고 이야기를 하는 것은 이제 소중한 전통이 되었다. 그러나 얼굴을 마주하고 몸을 비비면서 여럿이 함께 사람들이 하나가 되는 것은 필요한 것이고, 삶을 보람지고 윤택하게 하는 것일 수 있다. 그러한 공동체의 신명만이 우리가 살아나갈 길이다.

그러므로 농악과 춤의 명인을 만나는 것은 매우 중요하고도 절실한 가치관의 선택에 관한 문제이다. 정인삼이 이룩한 삶을 되돌아보면서 우리는 그 그리움의 마음 바닥에 도달할 수 있었다. 무엇인가 그리움이 있을 때에 우리를 일깨우는 삶의 궤적이 여기에 있다. 이로부터 배우는 삶의 교훈이 너무 소중하다.

어린 아이들이 판굿 마당에 앉아서 손뼉을 치고 아우성을 치다가 명인이 건네준 말 한디에 삽시간에 신명난 굿판의 일원이 되는 것은 매우 중요한 계기이다. 아이들이 아직 컴퓨터와 스마트폰을 사용하지 않았음에 유념을 할 일이다. 아우성치고 신명난 손뼉을 치면서 농악의 전통과 거리낌 없이 단도직입하는 것을 볼 수가 있다. 그렇다. 사람과 사람이 만나고, 노인과 아이가 만나서 대동의 모임, 노소동락을 펼치는데 농악과 춤만큼 소중한 것은 없다고 할 수가 있다.

농악에 신념을 가지고 살아간 정인삼의 한 생은 이 시대의 그리움을 채워 주기에 족한 대상이다. 선생님이 물려준 전통적인 춤을 올 게 지켜가면서 마음이 사원 자리를 메꿔온 우리 시대의 지표가 되기에 정인삼의 예술은 버거운 대상은 아니다. 농악을 살리기 위해서 안간힘을 쓰는 이 시대 농악의 명인, 농악의 최고 권위자인 정인삼에게 우리는 이제 농악의 그리움과 춤의 신명에 대해 물어볼 때가 되었다. 정인삼의 생애를 보라, 들으라, 읽으라, 그리고 널리 펼쳐서 알리라!

1. 정인삼 채록 〈소리굿〉

소리굿은 일명 세왕가, 월산요, 월선요, 월성요 등으로 불리는 좌도굿과 우도굿을 막론하고 모두 부르는 각별한 굿이다. 농악때가 탈복굿을 하기에 앞서서 부르는 마지막 소리가 소리굿이다. 노래를 하므로 이를 달리 노래굿이라고도 하나, 전통적으로 소리와 노래는 일정한 갈래의 차이가 있으므로 이를 과연 동일한 계통의 명칭으로 보아야 할지 의문은 남는다. 그러므로 이 굿의 사설은 소리굿이라고 하는 것이 적절하다.

장단 구성이 각별하고, 혼소박으로 되어 있는 것이 특징적이다. 그러나 자진가락에 맞추어서 이 소리를 하는 경우도 있으므로 이 두 가지 장단이 서로 연결되면서 이 소리굿을 연행하는 것으로 볼 수가 있다. 정인삼이 소중하게 보관하고 있는 사설을 특별히 이번 기회에 제공하게 되어서 매우 기쁘게 생각한다.

2. 정인삼 채록 〈지신밟기〉와 〈고사소리〉

지신밟기를 하면서 고사소리를 하는 것이 일반적인 절차이다. 고사소리를 이해하기 위해서 필요한 전제가 있다. 고사소리를 어떠한 각도에서 하는가 하는 점이다. 고사소리만을 독립적으로 하지 않는다. 그것이 개별적인 집안의 여러 곳을 관장하는 민간적 신격에 대한 일련의 의례적 행위이므로 다른 절차와 함께 하는 것임이 분명하다. 그럼에도 그 실체를 온전하게 기록한 자료가 많지 않아서 이 실상을 명확하게 확인할 수 없는 것이 현재의 사정이다.

현재 남아 있거나 음원으로 복원된 자료를 보면 대체로 다음과 같은 일정한 순서를 통해서 이를 구현하고 있는 점이 확인된다. 남의 마을에 걸립을 하는가 자신의 마을에서 걸립을 하는가에 따라서 서로 차이를 보인다. 그러나 당산굿과 같은 것을 치면서 남의 마을 수호신에 의례를 드리는 것과 다를 뿐이지 그것이 대동소이함이 드러난다. 이 순서를 다음과 같이 정리할 필요가 있다.

의례과정	세부 절차	의례의 내용과 구성 음악
지신밟기 (마당밟이 · 뜰볿이)	술굿	어서 치고 술 먹세/ 두부국의 짐 나간다
	정지굿	오방신장은 합다리굿/ 잡귀잡신은 쳐내고/ 명과 복만 쳐들이세
	장독굿	쥐 들어온다 쥐들어온다/ 장도대에 쥐 들어온다
	샘굿	여기 샘물 존 놈 있네/ 좋고 좋은 장군수/ 아들 낳고 딸 낳고/ 미역국에 밥 말아서 월떡월떡 잡수세
	노적굿	노적이야 노적이야/잠천 석만 불러들이세
고사소리	집터내력	산세풀이 · 명당풀이 · 축원덕담 [중머리장단+평조] 북장단
	성주풀이	성주신의 풀이 내력 [중중몰이장단+육자배기조] 장구장단
	비단타령	비단의 축원 섬김 [중중몰이장단+육자배기조] 북장단
	패물타령	집안의 패물 : 쇠 · 은금보화 · 녹용 · 인삼 · 약타령 · 침타령 [중중몰이장단+육자배기조] 북장단
	업타령	집안의 업 섬김 : 장구장단에 자진몰이로 부른다
	노적타령	노적 섬김 : 장구장단에 자진몰이로 부른다
	액막이타령	달걸이로 하는 액막이 타령을 이른다

고사소리는 개별적인 가정의 의례이고, 지신밟기는 마을 전체가 굿의 대상이 된다. 고사소리를 먼저 하는 것은 아니다. 지신밟기를 먼저 하고 고사소리를 나중에 하는 것으로 되어 있다. 그러나 방식은 전혀 다르게 전개된다. 지신밟기는 마을 전체의 행위이면서 개별 집안의 행위이기 때문에 고사소리의 성격을 겸하고 있으면서, 동시에 이 행위는 악기를 연주하면서 집안의 구석구석을 밟아주고, 동시에 마을의 여러 곳곳과 마을 집을 밟아주는 행위를 하게 된다. 이 점에서 마을 집안의 여러 곳을 밟아주는 행위를 하는 것은 행위적 주술이다.

이와 달리 고사소리는 집안 가운데 원하는 집에 한해서 하는 기원행위이자 의례이다. 그런데 이 절차에서 주목되는 것은 농악의 가락을 일부는 사용하지만, 다른 각도에서 일정한 고사소리의 틀이 존재한다는 절이다. 일단 집터내력 부분은 중머리 장단과 평조 장단으로 되어 있음이 확인된다. 그래서 장구장단을 사용하지 않고 일련의 북장단을 사용한다. 그리고 다른 소리와 달리 평조 선을 구현한다.

그리고 기원의 방식에 있어서 고사소리는 언어적 기원의 방식을 사용하기 때문에 행위는 필요하지 않고 말로 기원하는 방식을 선택한다. 이 점에서 고사소리와 지신밟기가 기원의 방식에서 결정적으로 차별성을 가지는 것을 알 수 있다. 고사소리의 방식과 지신밟기의 방식이 다른 점을 아는 것은 매우 중요한 의미가 있으며, 다른 것을 이해하는 것은 또한 우리 농악의 다면성을 이해하는데 있어서 중요한 인식의 틀로써 작용한다.

정인삼이 채록한 소리는현행 자료와 상당히 다른 부분도 있으며, 사설이 비교적 분명하고 조백이가 있게 전개된다. 그리고 현재 찾아볼 수 없는 자료도 있어서 이 자료들의 상관성을 이해하는데 중요한 지침을 제공하고 있는 것으로 볼 수가 있다.

3. 정인삼 채록 〈일광놀이〉와 〈도둑잽이〉

정인삼이 우도농악의 전통을 정면에서 재인식하고 자신의 혼신을 다해서 눈물과 신명으로 얻은 소중한 자료가 있다. 그것은 이제 거의 망실되는 처지에 놓인 뒷굿에서 하는 일련의 놀이들이다. 농악이 소중한 전통연희인 증거가 바로 이 놀이에 있다. 앞굿은 치배 또는 악사를 중심으로 하는 악사들 중심으로 하는 일련의 판굿이 우세한 면모가 있다.

그런데 훗굿 또는 뒷굿은 바로 광대 또는 잡색 중심의 놀이가 유기적으로 전개되는 특징이 있다. 그런데 뒷굿은 현저하게 축소되고 약화되는 것이 현재의 처지와 실정이다.

그런 점에서 민족의 연희전통을 일깨우고 이를 현장에서 되살려 온전하게 계승하는 것은 단순한 호사가의 취미가 아닐 것이다. 광대 가운데 그 우두머리인 대포수와 치배 가운데 최고의 위치에 있는 상쇠가 중심이 되어서 놀이판을 구성하고, 일련의 놀이를 보여주는 것이 바로 뒷굿인 셈이다. 뒷굿에서 연희성이 가장 높은 자료가 바로 〈일광놀이〉와 〈도둑잽이놀이〉이다. 두 가지 놀이는 서로 일정한 순차적 질서를 통해서 결합하면서 동시에 차별화된 병렬적 특징을 가지고 있는 놀이임이 확인된다. 그런데 두 가지 놀이 상의 착종이 생겨서 이 놀이가 서로 엇섞이는 기이한 일이 벌어졌다.

정인삼은 두 가지 놀이의 중요성을 일깨우면서 이를 하나의 자료로 소중하게 보관하고 있었다. 일생을 정리하는 책자를 구성하면서 소중한 자료를 연구자와 연희자에게 전하자는 제안을 하자 소중하게 아껴온 이 두 가지 놀이를 함께 제공하는 용기를 가지게 되었다. 가지고 있을수록 값어치를 발휘하는 것이 전통적인 무형문화재의 자산은 아니다. 다른 각도에서 보면 현장의 자료를 중심으로 하는 것을 체험한 자료조사자가 이를 해명하고 객관적으로 나타낼 수 있을 때에 드러나는 것이 인지상정이다.

필자가 이러한 생각을 하게 된 것에는 일정한 체험이 소중하게 작동하였다. 그것은 제주도의 김만보 심방이나 이중춘 심방이 자신들의 자료를 금과옥조처럼 아끼다가 후계자를 온전하게 만나 전달하지 못한 채 마무리된 자료들을 사장하게 되는 안타까움을 만나게 되었다. 그러한 사정은 이곳에서도 동일하게 적용되리라고 본다.

이 두 가지 놀이를 소중하게 간주하고 이를 구조적으로 연구하고 체계적으로 학습해야만 사실은 전통 계승의 일부를 감당할 수 있을 것으로 자부한다. 정인삼이 니린 결단은 자못 소중하고 매우 중요한 가치를 가진 것이라고 할 수가 있다. 완전하게 이해한 것은 아니지만 이 두 가지 놀이는 별도의 원리에 입각한 것이라고 판단할 수 있다.

〈일광놀이〉는 상쇠의 쇠를 훔치고 이를 되찾는 과정을 보여주는 놀이이다. 쇠를 잃고 쇠를 되찾았다고 하는 것은 농악의 주술성과 연희성에 기초하고 있는 점을 강조하는 의미를 가지고 있다.

신성한 쇠를 찾는 것은 광명의 부활을 상징한다. 태양을 상징하는 존재가 바로 상쇠이다. 그래서 상쇠는 자신의 몸에 홍박씨,

일광, 월광 등을 부착하고 있다. 대포수는 상반되게 가짜 사제자 노릇을 하기 위해서 이 쇠를 훔쳐간다. 진짜와 가짜의 사제자가 함께 움직이며 재담을 하는 것은 신성한 힘을 부활하고 새로운 사제자를 정하려는 투쟁의 상징이다.

〈도둑잽이놀이〉는 도둑을 잡아서 목을 베는 것을 핵심적인 내용으로 한다. 대포수의 자식 목을 베는 것은 이른 바 샤만-킹의 전통 속에서 유감주술의 원리를 구현하는 모방적 제의 가운데 하나이다. 대포수와 상쇠가 다투다가 그것이 자식의 죽음으로 이어지는 해괴한 설정을 하고 있다.

이것은 단순한 놀이라고 보기 어렵고 다른 각도에서 본다면 이들의 놀이는 일련의 대포수라고 하는 놀이의 비밀을 말하는 것이다. 양주별산대놀이의 〈침놀이〉와 유사한 설정이어서 이것이 사실은 탈춤과 농악의 깊은 관련성을 반추하는 자료로서도 긴요한 기능을 하는 놀이라고 생각된다.

우리는 이 자료를 통해서 그간에 이루어진 우도농악과 좌도농악 중심의 뒷굿에 대한 안타까운 소멸에 아쉬움을 표하지 않을 수 없다. 그러나 다른 한편에서는 현재까지 이루어진 두 놀이의 전통적 의미를 반추하게 되고, 현재까지 나온 전통적인 〈도둑잽이놀이〉에 대한 해석이 과연 온당한 것인지 반성하게 된다.

췌언에 불과하겠으나 고희를 맞이해서 소중한 자료를 농악계와 농악학계에 제공하게 된 정인삼의 결단과 시혜에 우리는 무한한 감사를 드릴 수밖에 없다. 자료는 영원하다고 하는 것이 학계의 입장이다. 자료가 말하는 진실은 누구나를 위해서 항상 열려 있는 것이기 때문이다.

부디 좋은 자료를 기반으로 호남농악의 앞굿과 뒷굿에 대한 연구가 지속적으로 이어지는 것은 우리의 미래를 위한 소중한 자산을 확보하는 일이 될 것이다. 우리가 농악으로 일생을 일군 정인삼의 노고와 열정을 기본으로 삼아서 농악의 이론과 자료를 널리 활용할 수 있는 계기를 부여했으면 한다.

　여기에 제공한 자료들은 우도농악의 명인이었던 전사종·박남식·김성학·김병섭들이 제공한 것이다.

자료1. 〈소리굿(옥설가)〉

서산은 금삼척이요 생애는 주일배라

서정은 강산월이요 동각 설중매라

얼싸 ～ 절싸 ～　(후렴)

오늘도 하도 심심해서 노래 하나를 셍겨보세

(후렴)

무슨노래를 셍겨볼까 양양가를 셍겨보세

(후렴)

양양가도 좋네마는 옥설가를 셍겨보세

(후렴)

옥설가도 좋네마는 세한가를 셍겨보세

(후렴)

둥실둥실 저구름 속에 동자앉아 춤을 추네

(후렴)

놀러가세 놀러가세 월선이방으로 놀러가세

(후렴)

월선이는 간데없고 거문고 한쌍만 걸려있네

(후렴)

달아달아 밝은 달아 이태백이 놀던 달아

(후렴)

처량스럽게 밝아오니 님의 창이 밝아오네

(후렴)

오늘날은 여기서 놀고 내일날은 어디서 노나

(후렴)

고만저만 파양곡하세 북두칠성이 엥돌아졌네

(후렴)

자료2. 〈고사소리〉

21. 앞소리 : 산세풀이

고설 고설 고서로다 섬겨드리고 가자 고서로다

안아드리고 가자 고서로다.

산지조정은 곤륜산이요 수지조정은 황하수

그 산줄기 어디로 간줄 몰랐더니 거드렁거리고 내려오다.

함경도 백두산이 솟아있고 두만강이 둘러있다.

그 산줄기 조춤거리고 내려오다.

평안도 묘향산이 솟아 있고 청천강이 둘러있다.

그 산줄기 조춤거리고 내려오다.

황해도 구월산이 솟아 있고 예성강이 둘러있다.

강원도 금강산 일만이천봉이 높이 솟아있고
해금강이 둘러있다.

그 산줄기 거드렁거리고 내려오다.
서울 삼각산이 솟아 있고 임진강이 둘러있다.

그 산줄기 거드렁거리고 내려오다.
경상도 태백산이 솟아 있고 낙동강이 둘러있다.

그 산줄기 조촘거리고 내려오다.
충청도 계룡산이 솟아 있고 백마강이 둘러있다.

그 산줄기 거드렁거리고 내려오다.
전라도 지리산이 솟아 있고 섬진강이 둘러있다.

지리산 일지맥이 뚝 떨어져 제주 한라산이 분명허구나.

(아니리)

백두대간 내려와 이터를 바라보니 좌청룡, 우백호, 현무, 주작
 오행이 분명하구나.

22. 오행풀이

〈아니리〉

(화동) ～～ 예이

이댁을 들여다보니 백두대간 내려와
좌청룡 우백호 현무 주작 오행이 분명 허구나

〈소리 — 중중모리〉
앞에 안산을 바라보니 관우장비가 춤추는 듯
뒤에 주산을 바라보니 석가부처가 잠자는 듯
청룡을 바라보니 아홉용이 굽어 들고
백호를 바라보니 성난범이 뛰는 듯
비정이 입수허니 대대등과 날 터로다
노적봉이 분명허니 거부장자가 날 터이고
문필봉이 솟았으니 대대문장 날 터이고
장수봉 높았으니 백수장수가 날 터이니
어찌 아니가 좋을소냐 어찌 아니가 좋을소냐
아들을 낳으면 효자충신
딸을 낳으면 효녀를 낳고
며느리 얻으면 열녀를 얻고
자손만대 대대등과 정승판서를 날 것이니
어찌 아니가 좋을소냐 어찌 아니가 좋을소냐
소를 먹이면 약대되고
말을 먹이면 용마되고
닭을 먹이면 봉이되고
개를 먹이면 네눈베기 청삽살이가 커겅컹컹
어찌 아니가 좋을소냐 어찌 아니가 좋을 소냐

23. 지경소리

(아니리)

서른세명 역군들이 옥도끼 갈아들고 만첩청산
들어가 소산의 소목내자 대산의 대목내자
명산나무 그냥베랴 모신제로 축문하고
네눈백이 바졸소의 우걱지걱 실어다가
이터전에 뱌쳐놓고 이 성주를 이룩할제
은가래 은줄메고 놋가래 놋줄메고
높은데는 실어내고 낮은데는 메우시고
지경터를 다질적에

(자진모리)

어기영차지경이야, 어기영차 지경이야
1. 동편지둥 주춧밑에 청룡한쌍 들었으니
   용머리 다칠세라 알아감서 다지어라
1. 남편지둥 주춧밑에 거북한쌍 들었으니
   거북머리 다칠세라 알아감서 다지어라
1. 서편지둥 주춧밑에 청학한쌍 들었으니
   학의머리 다칠세라 알아감서 다지어라
1. 북편지둥 주춧밑에 금자라 한쌍들었으니
   자라머리 다칠세라 알아감서 다지어라
1. 사명전 대들보밑에 청룡 황룡이 뒤틀어 누었네

24. 성주풀이 머리

(아니리)

천상의 자말은 해달이 자말이요

지하의 자말은 도리용신이 자말이요

산에가면 산신님 자발이요

물에가면 해수용왕님 자말이요

집안에 자말은 성주조왕님 자말이요

어지신 성주님네 주인 모르는 공사있으리까

통전관 숙여쓰고 학창의 입으시고

광대띠 둘러띠고

밤이면 찬아공사 낮이면 지하공사

비가오나 눈이오나 따순방에 잠을 자도

모두다 성주님의 덕택이요

오늘날 이 정성은 정씨 가정의

소원성취로 발원이올씨다

25. 성주풀이

(굿거리)

어화청춘 소년님네

이네한말 들어보소

장부평생사가 년년이 넘어가니

삼간오륜 인의예지

사람의 근본이요

선영야화 부모공양

165

보국안민 허는것도
장부의 사업이니
어찌 아니 좋을소냐

오복을 점지허제
일왈수요 이왈부요
삼왈귀요 사왈강령
오월 고정 명월
인간전에 점지하였으니
어찌 아니가 좋을소냐

이터를 들여다보니
명당일시가 완연허구나
좌청룡 우백호
남주작 북현무
슬하자손 만세용
대대 유전을 할것이로다

좌우를 살펴보니
물이나도 청계수요
돌이나도 옥돌이요
소가나도 약대나고
말이나도 용총마요
닭이나도 봉황이나고

도랑에 풀이나도
인삼 불노초 날명당이니
어찌 아니가 좋을소냐

청룡황룡이 노다간디는
비늘이 빠져서 표적이요
명학백학이 노다간디는
깃이 빠져서 표적이요
우리치배군 노다간디는
축원덕택이 떨어졌구나
에라만수 에라대신야
놀고 놀고 놀아 봅시다
아니 노지는 못하리라

26. 방안치레

(자진모리)

방안치레 장이 좋다 각장장판 깔았는데
성당지 설도배하고 뒤루서두 설쳐놓고
황능화 띠를 띠고 청능화 도배하고
그방에 놓인 것은 천은요강 순금대양
용장봉장 빼닫이며 자개합농 반닫이요
뒤주간농 죽간농 피양간농 칭칭
맵시 잇게 놓여있고 월침이침 선단이불 대단요여
원앙금친 잣베게 분별있게 놓여있고

북편에 걸린 발은 주석꼬리 달아

편편히 걸었는데 광풍이 선듯불면

행취가 진동하니 이 아니 좋을소냐.

27. 액풀이

(아니리)

액은 사사액이 무서운디 일년 삼백육십오일

동서남북을 다다녀도 재수삼왕 무덕허고

덕덕허라고 액을 막는디 ~~~~~~~~~~~~~~

(징만 치고 빠른 소리로 염불하듯)

오라 액이로 구나

액을 막아 예방하고 액을 막아 삭제하고

전라지망 년도막고 몽중대살 년도 막고

어수알이 대수알이

발 크고 손 큰놈은 물알로 재살하고

유덕하고 덕덕한일 점지 마련 하옵시고

이댁에 대주양반

머리에는 갓을 쓰고 옷위에는 띠를 띠고

동서남북을 다 다녀도 발에는 디딜삼아

손에는 쥘삼아 재수 대통하고 운수대통하고

명은 동방석이 명을 마련 하옵시고

복은 석순이 가진복을 점지하여 주옵소서

에라 강산수 천년수요

자손은 만세 영화로구나

28. 액타령 자진모리

에에루 액이야 어어루 액이야 어허중천의 액이로고나
동해는 청제장군이여
청마에 청안장 청갑옷 입고 청투구 쓰고
청마에 청살 막아내고 동으로 떠들어오는
내무 수설을 다 막아낸다

남에는 적제장군이여
적마에 적안장 적갑옷 입고 적투구쓰고
적마에 적살 막아내고 남으로 떠들어오는
내무수설 다 막아낸다

서에는 백제장군이여
백마에 백안장 백갑옷 입고 백투구 쓰고
백마에 백살 막아내고 서에서 떠들어오는
내무수설을 다 막아낸다

북에는 흑제장군이여
흑마에 흑안장 흑갑옷 입고 흑투구 쓰고
흑마에 흑살 막아내고 북으로 떠올어오는
내무수설을 다 막아낸다

중앙에 황제 장군이여
황마에 황안장 황갑옷 입고 황투구 쓰고
황마에 황살막아 내고 중앙에 떠들어 오는
내무수설을 다 막아낸다

29. 일년 열두달 액타령

(자진모리)

(후렴) 에헤루 액이야 어어루 액이야 어기엉차 액이로구나 아
　～ 아 아～～～

정월 이월에 드는 액은 삼월 사월에 막고
삼월 사월에 드는 액은 오월 단오에 다 막아 낸다
후렴

오월 유월에 드는 액은 칠월 팔월에 막고
칠월 팔월에 드는 액은 구월 구일에 다 막아 낸다
후렴

구월 구일에 드는 액은 시월 모날에 막고
십월 모날에 드는 액은 동지 섣달에 다 막아 낸다
후렴

정칠월 이팔월 삼구월 사시월

오동지 육섣달 내내 돌아가더라도
후렴

불우지경과 연락지환 화재순 낙상순
어수아리 대수아리 내무수설을 다 막아 낸다
후렴

210. 업타령 자진모리
에에루 업이야 어어루업이야 어기영차 업이로구나
경상도 인업아 전라도 싼업아 인업일랑 싼업일랑
꾸역 꾸역 들어오소
두꺼비 업은 들어와 살강 밑으로 들어가고
청삽쌀이 업일랑 마루밑으로 들어가고
구랭이 업은 들어와 광으로 들어가고
순창 댐양 왕대 밭에 쟁기 업도 들어오고
진게 맨경 외아미들 두루미 업도 들어오고
경상도 안동땅 게우 업도 들어오고
뒷동산 황장목에 봉황 업도 들어오고
멸진 장통 백자목에 꾀꼬리 업도 들어오고
닭이 울어 죽게 허니 인생 업도 들어오소
저그저그 저달속으 계수업도 들어오소
만경대 구름속 갑생이 업도 들어를오소

211. 노적타령

(자진모리)

에에루 노적 어어루 노적

김제 만경 김부자 노적
이댁으로만 다들어 온다
경상도 최부자 노적
이댁으로만 다들어 온다
충청도 황산벌 노적
이댁으로만 다들어 온다
경기도 소새들 노적
이댁으로만 다들어 온다
앞노적 뒷노적
높이 솟아 용수 노적
이댁 으로만 다들어 오소
남창 북창에 쌓인 노적
이댁으로만 다들어 온다
봉 덕새 새끼 쳐서
한날 개를 뚱땅치면
수천 석을 불어 넣고
두 날개를 마주 치니
천석을 불었구나
탕평 꽃이 척채가는
생기 천석을 불어주소

탕평 꽃이 이십오간
음양 만석 불었구나
태평꽃이 유자고양
금은 천석 불었구나
앞노적은 대주 노적
뒷노적은 성주노적

212. 떡타령 중중모리

이떡 저떡으 전지떡
떡 장사는 고물떡
댐배 장사는 건불떡
해우장사는 짐떡
술 장사는 찌갱이떡
이떡 저떡으 사둔떡
청산 봉우리 대추떡
떡 망은것은 엉떡이요
또랑 건너 홀떡허고
목구멍에는 꿀떡

213. 너물타령 자진모리

한냥 두양에 너물
한푼 두푼에 돈너물
착 위었다 숙지너물
얼었다 녹았다 녹두채

자주 비단에 가지너물

담배대 같은 콩너물

천방 지축에 호박너물

딱 뽀개졌다 박너물

산에 올라라 꾸엉너물

두릅 허고도 취너물

고부라 졌다 고사리너물

삥삥 돌아라 돌가지 너물

214. 곡식타령

(휘모리)

초광 청춘 자춘베

이팔청춘 소년베

구십 당년 노인베

영기 종발 사발베

오복 소복 접시베

밥맛좋다 다마금

새잘 보는 땅베

톡톡 튀는 은방조

오다드리 늦다드리

유월베

칠월 칠성에 먹는 흰베

빛깔좋다 농육도

조대공 소스베며

고장도라 양당베

베틀베 은베

울긋불긋 대추찰

떳다 봐라 종기찰

져들 없는 돼지찰

축늘어 졌다 늘보리

가을 보리 봄보리

청두보리 쌀보리

싹싹 깎어라 껏보리

올콩 돌콩 청대콩

만리 타국에 강낭콩

맵시 좋다 제비콩

아롱 다롱에 까투리콩

불쌍 하구나 홀에비콩

한돈 두돈의 돈부콩

도갈 포수에 검정콩

준자리콩 밥콩

서머태며 눈깝잭이

울긋 불긋 적두팥

두팥 흰팥 세팥

이 팥 녹두이며

참깨 들깨 시금자깨

차조 메조 기장 수수며

에미 사슬 서시랑

여수 거리 쉬나리거리

듬뿍 듬뿍 들어있구나

215. 정지굿

화동~ 예이~

다름이 아니라 밖에 대주는 쌀도 많이 놓고

돈도 많이 주고 해서 성주풀이 액맥이 소리도 하고

놀았는데 조왕이 들어오니 아무것도 없다.

조왕님을 잘 달래야혀

쌀도 많이 놓고 돈도 많이 놓으면 쌀 한되로 밥을 혀도

백명 천명이 먹고 쓴것도 달고 헌디말여

만약에 조왕님을 잘못 달래서 놀면 솥쇠사슬에

들어오는 귀뜨라미도 빠져죽고 쌀한되밖에

한명도 못 먹는다고 전해라 예~

216. 성주굿〈부엌〉

화동~ 예

이댁에서 정지굿을 허는디

구석구석 네 구석

방구석도 네 구석

정지구석도 네 구석

합다리쳐 열두귀

잡귀잡신 물알로 합하세

217. 철용굿〈장광〉

쥐들어간다 쥐들어간다

장광에 쥐들어간다

오랑캐야 꽉물어라

간장은 달아야

고추장은 매웁고

된장은 누렇게

218. 시암굿〈우물〉

동해바다 용왕님 물이나 철철주시고

남해바다 용왕님 물이나 철철주시고

서해바다 용왕님 물이나 철철주시고

아따 그물 참 좋다 아들 낳고 딸 낳고

미역국에 밥 말아 벌떡벌떡 마시세

219. 곡간굿

뒤주야 뒤주야

천만석 이나 쌓이고 억만석이나 쌓이어

먹고남고 쓰고남게

점지하여 주옵소서

자료3. 〈일광놀이〉

상 쇠 : (상쇠 중앙으로 나오며)

        야들아 쉬 −

대포수 : (나오면서)

        야 이놈들아 왜 굿은 안치고 쉬 쉬 허냐.

        어디서 비암 들어 왔냐 쉬 쉬 허게.

상 쇠 : 거 이상허다.

대포수 : 이상허기는 뭐시 이상혀. 누가 독밥히주드냐 이상허게.

상 쇠 : 아니 그게 아니라, 우리가 오늘 이 마을에 와 굿을 치고

        노는디 수상헌 놈이 왔다 갔다 허더니 꽹매기 한 짝이

        없어 졌단 말이여.

대포수 : 그려 너그가 여기 와 굿을 치는디 수상헌 양반이 왔다

        갔다 허더니 꽹매기 한짝이 없어졌다 그 말이지?

        야 이놈들아 너그들 굿치다 꽹매기 한짝 없어진 것을 나

        더러 어쩌란 말이냐?

        이 훌미를 헐놈들아 (하면서 갈려고 한다.)

상 쇠 : (쫓아가 붙들며) 아니 여보게 그게 아니라 자네가 꽤를 잘 푼

        담서 꽤를 좀 풀어 달라 그 말이여.

대포수 : 오 나보고 꽤를 풀어돌라고? (하면서 산통을 흔든다.)

        아이고 꽤 많이 나왔네.

상 쇠 : 어떻게 나왔는가?

대포수 : 참꽤 들꽤 겨우 서되가웃쯤 낫네.

상 쇠 : 뭐시여?　누가 그런 꽤말이여?

대포수 : 그러면 뭣을 꽤꽤혔사.

상 쇠 : 아니 그꽤가 아니라 육갑으로 점꽤를 풀어 도라 그 말이
　　　　여.

대포수 : 오 그려 그러면 진작 그렇게 말할 것이지.
　　　　덮어놓고 꽤꽤헌게 내가 알 수 있는가.
　　　　자내터 내터에 복채를 말헐 것인가 만은 났다 도로 가져
　　　　갈지라도 재미가 그렇치 않으니 복채를 좀 내놓게.

상 쇠 : 복채는 얼만가.

대포수 : 복채는 한냥이네.

상 쇠 : 자 한냥이네. (내어준다.)

대포수 : (받아들고 선다.) 다섯 열 열다섯 아니 한푼 모자랜다.

상 쇠 : 아! 그것은 내가 오다 하도 배가 고파서 한 푼어치 사먹고
　　　　왔네. 그려.

대포수 : 그려. 쏙쇠봐서 석냥 허드라고 돈데로 혀주지.
　　　　병정 무기허니 이 판 안에 들어 있는가 보구나. (하면서 가려
　　　　고 한다)

상 쇠 : (쫓아가 붙들며) 아니 여보게 뭐시 어쩌. 자네 이만치 오게 아
　　　　무래도 이게 수상허단 말여.

대포수 : 그려 어찌 높은 양반 말은 맞다.

상 쇠 : 너 이리 이짝으로 돌아서봐.

대포수 : 그려 어찌 (하면서 빨리 돌아서 도로 앞으로 마주선다.)

상 쇠 : 아니 이짝으로

대포수 : 그려 어떻게 (하면서 또 빨리 돌아서 마주선다.)

상 쇠 : 요것보소.(하면서 뒤로 더듬올려고 하면)

대포수 : (피하면서) 나보고 가져갔다고? 야이놈아 도적을 잡으려면 앞으로 잡지 뒤로 잡냐, 이놈아!! (하면서 떤다.)

상 쇠 : (붙들어당기며) 너 아무죄 없담서 왜 떨고 있냐.

대포수 : 오 내가 떠는 것 말이냐.

너그들이 무서워서 떠는 것이 아니라 내 오늘이 초악세직 날이라 이렇게 떨지 무서워서 떠는 것이 아니다.

상 쇠 : (바짝 붙들고 가슴을 더듬어 올리려 하니 자꾸 피한다.)

(쇠채로 가슴을 툭툭치니 땅땅 소리가난다.)

너 이게 뭐시냐?

대포수 : 오 내배 벙벙헌 것 말이냐.

내배가 벙벙헌 것은 오늘 저녁에 이마을에와 굿을 친다고 헌게 동네 아주머니들이 밥을 해주는디 어떻게 해주는고 허니 닭잡고 소밥허고 팥갈고 힌밥허고 검으나 따나 해우 굽고 노리나 따나계란 찌더구나. 붉으나 따나 육회쳐서 내가 밥을 먹는디 어떻게 먹는고 허니 차포띠고 조리개 먹고 모자 띠고 양신 먹고 총쟁이 불러 포식허고 지지새미 놓고 직신 먹고 나막신 벗고 목신 먹었드니 내배가 벙벙허다. 이 홀미를 헐놈아.

상 쇠 : (막달려들어 가슴을 더듬어서 꽹매기를 꺼내여당당치며) 너 이게 무엇이냐?

대포수 : 아—— 이것 말이냐 오다가 무엇이 발에 밟히기에 자란지 알고 집어 넣었드니 그게 자라가 아니냐.

상 쇠 : 이게 자라가 아니고 놋쇠여! 네가 한번 물어봐라

대포수 : (받아들고 두 번치고 자기 귀에 대며) 니가 놋쇠여?

상 쇠 : 그려 그것이 꽹매기네.

대포수 : 이게 꽹매긴가.

그러면 나도 우리동네서는 하루 오전씩 받고 쇠를 쳤는디 여그 설장구 놈도 장고를 잘친담서. 그러니 내가 여기까지 왔다 그냥 갈수있나?

설장구 친놈하고 죽대립 한판 쳐봐야지.

여 설장구 친놈 집에 있느냐.

상 쇠 : 여보게 자네 그렇게 찾아서는 오늘 하루 종일 설장구 불러봐야 못 만나네.

대포수 : 그러면 어떻게 찾아야 되는가?

상 쇠 : 요새 설장구가 장고치고 돈 많이 벌어서 배가 불러 누구든지 설장구님 허고 님자를 붙여야 대답허지 그렇지 않으면 대답 안혀.

대포수 : 아구메. 어쩔그나. 하늘 무너질 소리 다들어 보겠네.

그까짓 개가죽 두드는 놈 보고 설장구님 하고 불러란 말이냐.

상 쇠 : 헐 수 없지 헐 수 없어.

자네가 아순게 목마른 놈이 시암 파드라고 자네가 손해봐야지 할수 있나.

대포수 : 여보게 참 기맥히네.

그러나 저러나 여기까지 왔다 그냥 갈수 있나 헐 수 없지.

여 아무도 없는가? (머뭇거리며)

상 쇠 : 그려 자네와 나뿐이지 아무도 없네.

대포수 : 내가 아순게 헐수 없지. 여 설장구님〈님님〉 집에 계시오.

장　고 : 그 누군가?

대포수 : 아이고 설장구님 뵙시다. (엉덩이를 설장구 쪽으로 절을 헌다.)

장　고 : (엉덩이를 발로 밀며) 이 잡것 봐라 목아지가 없다.

대포수 : (절하고 돌아서 문열고 나가는데)

　　　　 야 이놈아 목아지가 있을랴디아 이놈아 네가 나를 어떻
　　　　 게 보고 허느는 말이냐.

　　　　 상으로 봤냐 중으로 봤냐 하로 봤냐.

장　고 : 내가 너를 저 아래 발밑에 쇠똥으로 봤다

대포수 : 야 이놈아 상으로 봐라 상으로 봐.

　　　　 상으로 보랑게 필상 부상 거상 그런상이 아니라 우리집
　　　　 내력이 사자 돌림이다. 사자랑게 비암사 봉사가 아니라 내
　　　　 력을 들어봐라 전라감사 한림학사 나는 통영통지사 저
　　　　 우리 작은 놈은 주사까지 헸다. 이놈아.

장　고 : 몰라 뵙고 죄송스럽습니다.

대포수 : 오--오냐네 그만허니 내 반분이나 풀리는구나.

　　　　 야 그러고 저러고 왕사 불런허고 너도 장고 깨나 치고 나
　　　　 도 하루 오전씩 받고 꽹매기를 친 사람이다. 너허고 나허
　　　　 고 죽대립을 한번 해보고 만약에 치다가 네 장구 한가락
　　　　 이라도 빠지면 니 목을 빼서 큰소매장군 마개를 헐란다.

장　고 : 그건 그렇다하고 오다가다 가첨지 가다오다 오첨지 오그
　　　　 랑쪼그랑 박첨지 자네 이 가락 칠줄 아는가? 만약에 한
　　　　 가락이라도 빠져 저 아랫역 해남으로 가게 되면 자네 목
　　　　 을 쑥빼서 자네 뒷구녁에 탁 때려 박을 라네.

대포수 : 아니 그러면 나는 오징어가 되어버리게. 이 홀미를 털놈

아 (쇠를 친다)

(장구를 크게 빨리 치면서 으면 깜짝 놀래 쇠를 상쇠 쪽으로 던지고 둥글어

밖으로 달아난다. 상쇠 주어들고 중앙으로 들어와 덩덕쿵 내어 앉아 춤추며

일어서 장구 마주서 한참 놀다 맺는다.)

자료4. 〈도둑잽이〉

◎ 술령수 ——————
　예 — 이 ——

◎ 성안성내 도적이 들었다!
　한이 방포 일성 하랍신다
　예 —이 ——(하며 북을 크게 친다)

◎ 술렁수 —————
　예 — 이———
　각각 치배 다 모였읍네
　각각 치배 다 모였으면 행군하랍신다.
　예 — 이———

대포수 : (대포수 나오며)행군 행군 아니 출군이 좋겠다.
상　쇠 : 부안진지
대포수 :부안진지 부안진지 아니 부안 원님 밥상이 좋겠다.
상　쇠 : 수수적자———
대포수 : 수수적자 —————아니 상모 꼬지가 좋겠다.
상　쇠 : 군법유사———
대포수 : 군법유사—————아니 동래 동장이 좋겠다.
상　쇠 : 이천금고————

대포수 : 이천금고----아니 가야금 거문고가 좋겠다.

상 쇠 : 만인일심 ----

대포수 : 만인일심 ----아니 한마음 한뜻이 좋겠다.

　　　　이 훌미를 헐놈아 (이렇게 까불다 나팔을 불면 깜짝 놀래 벌벌 떨며 큰

　　　　소리로)

　　　　아고 큰 자식아 작은 놈아 니 애비 죽는다. (창부, 조리중 부

　　　　축하여 일으키며)

창 부 : 아고 아버지 왜 이러시오. 정신 차리시오. (하면서 법석을 떤

　　　　다.)

대포수 : 큰놈아 작은놈아 (이름만 부르며 눈을 가리고) 여기 내 옆에 있

　　　　는 것이 무엇인가 봐라 (떤다.)

창 부 : 아버지 아무것도 없고만요.

대포수 : 아니 정말 없느냐.

창 부 : 예 없어요.

대포수 : 너 거짓말허면 죽는다.

창 부 : 예 아무것도 없당께요. 자 보시오.

대포수 : 참말이냐?

창 부 : 보시오.

대포수 : 나 눈 뜬다.

창 부 : 떠보시오. 아니 무얼보고 그렇게 놀래시오.

대포수 : 야 이놈들아 겁 나드라.

창 부 : 아니 뭐시 그렇게 겁나요.

대포수 : 저기 어디를 갔더니 무엇인지 울긋불긋헌 것들이 쭉 모였

　　　　는디 소두방 뚜껑을 뒤집어쓰고 무섭게 생긴 것들이 모여

있고 아 또 뭣인지 입이 크고 지드란헌긋이 소리를 허는
디 뛰뛰허며 쫓아오고 입이 큰 짐승만허고 길이는 열댓발
되것드라.

창 부 : 아고 아버지 그게 다른 게 아니라 펜나팔이라는 것이요.

대포수 : 아니 뭐시여. 그게 팬 나팔이라는 것여

창 부 : 예 그게 펜나팔이라는 것이요.

대포수 : 야 큰놈아 그참 좋은 것이다.

거 펜나팔은 네 어멈도 좋아혀. 네어멈 좋아하는 펜나팔
사로 간다고 해라. 내가 사갔고 오마.

조리중 : 아버지, 아버지, 아버지는 심장이 약해서 잘못허면 아버
지 되진게 내가 갈라요.

창 부 : 성,성. 그게 성놈 저적말인가 개적말인가 둘다 가만히 자
빠져 있어. 내가 가서 사가지고 올틴게.

조리중 : 아니다 내가 큰 장손이니 내가 제일 어린이다.

내가 가 사 올란다. (장담하고 가는데 나팔소리가 나니 기절하여 넘어
진다.)

대포수 : (조리중을 붙들고 울며) 아고 불쌍한 큰 자식아 네 어미가 금년
신수가 나쁘다고 정월 개정을 먹지 말라고 헌디 괜찮다고
괜찮다고 먹더니 주당 급살을 맞아 혓바닥을 서발이나
빼고 죽었네. 아고 작은놈아 네 형놈이 죽었다.

재너머 생원님 모시고 오너라 정이나 읽어보자.

양 반 : (들어오며) 여보게 무슨 일인가.

대포수 : 아이고 우리 큰놈이 정원개정을 먹지 말라고 헌게 먹드니
기여니 이런 급살을 맞아 죽엇소 정이나 좀 잘 읽어서 살

　　　　　　 려주시오.

양　반 : 그려 채비 차려 놓았는가

대포수 : 예(상 놓고 북 꽹매기를 갖다 논다)

양　반 : (상놈집이라 아니 꼬와서) 서주야 듣거라 조상아 듣거라 정성이
　　　　　 부족하여 호박떡이 설었구나 밤대추 꼼짝마라. 날만 새
　　　　　 면 내것이다.(주워 넣으며)

대포수 : 생원님 고만 읽으시오.
　　　　　 우리 조상들이 살리기는 고사하고 나까지 잡아가겠소.

양　반 : (가면서) 잘 읽었으니 죽기 아니면 살기로 둘 중에 하나 결정
　　　　　 날걸세.(간다.)

대포수 : 미친놈은 침논다드라 (침 놀려ㅎ니 살아난다.)
　　　　　 살았냐, 과연 정 읽은 것이 제일이다.
　　　　　 네가 가서 펜나팔을 사와야 겠다. 허나 무섭다. (만류하다 장
　　　　　 담하고 가려고 두발을 뗀다)

창　부 : 아고 호랑이 나온다.(놀라 주저 앉는다.)
　　　　　　(큰놈 불러 붙들어 놓고 홀떡 뛰어)

대포수 : 여기가 어디요.

상　쇠 : 여기 진중이요

대포수 : 뭐시 진중진중 짜룬중이 좋겄다. 여기 혹시 펜나팔 있소.

상　쇠 : 없오. 펜나팔 사려면 저 안성장으로 가보시오.

대포수 : 안성장을 갈려면 어디로 가오.

상　쇠 : 일로 쭉가다 옆으로 가면 꾀쇠네 논두렁이 나와 그리서
　　　　　 고리서 저리서 또 옆으로 가서 물으면 그 게 안성장
　　　　　 이요.

대포수 : 에이 시레비 녀석아.

　　　　너는 여그 사는놈이라 꾀쇠네 논두렁도 알고 어쩌고 저
　　　　쩌고 절로 터진 입으로 나불나불 씨부렁거리지만 처음온
　　　　내가 어떻게 아냐 이녀석아.

상　쇠 : 여보시오 잔소리말고 갈라면 가고 말려면 마시오. 나는
　　　　아순 것 없는게.

대포수 : 허기는 그려. 내가 아숨지 니가 아순 것 없지. (이렇게 군담하
　　　　며 왔다갔다 그 자리에 와서)

　　　　여기가 안성장이요?

상　쇠 : 예 그렇소, 왜 그러시오?

대포수 : 그러면 여기 펜나팔 있소?

상　쇠 : 예 있소.

대포수 : 펜나팔 하나 주시오.

상　쇠 : 좌수 우봉이요.

대포수 : 가격은 얼마요.

상　쇠 : 일곱돈 오도로 오푼이요.

대포수 : 돈 여기 있소. (돈 주고 나팔 가지고 간다)

　　　　(집에 돌아오며)큰놈아 작은놈아 (부르며 온다.)

창　부 : 아고 다녀 오시오.

대포수 : 오냐 오냐 네 어머니 좋아하는 펜나팔 사가꼬 왔다.

창　부 : 아고 이게 어떻게 하는 것이요.

대포수 : 입데 대고 부는 것이다. (얼굴에 대니 다가린다.)

창　부 : 이것도 아니고 아 이것이 지양 모시는디 불쓰는 촛대라

대포수:　야 잘 되었다. 오늘이 너그 하나씨 지양 아니야. 마침 잘

되었다.

(세워 놓고 보니) 아고 —————그것도 아니고 오!! 이것이 일
산이로구나. 원님이 가시는데 받고 가는 일산이다.

오에 ～～～ 에   오에 ～～～ 에

(놀 때, 악기를 요란케 치면서 쫓아 습즌한다. 대포수 놀다가 놀래 쫓겨간다.)

농악의 얼, 일깨운지 한평생
춤의 신명, 물깨운지 반백년

한국민속촌농악단장 정인삼의 생평

2011년 6월 1일 초판 1쇄 펴냄

지은이 정인삼·김헌선
펴낸이 김흥국
펴낸곳 도서출판 보고사

책임편집 이유나
표지디자인 윤인희

등 록 1990년 12월 13일 제6-0429호
주 소 서울특별시 성북구 보문동7가 11번지 2층
전 화 929-5120~1(편집), 922-2246(영업)
팩 스 922-6990
메 일 kanapub3@chol.com
http://www.bogosabooks.co.kr
ISBN 978-89-8433-919-4 03380
정 가 16,000원